本の雑誌編集部編

絶景本棚3

目次

本の雑誌の巻頭連載「本棚が見たい！」書斎編の書籍化第三弾。
豪華絢爛眉目秀麗の美しい本棚から、集めに集めたマニアな棚、
そして日々調整中のテトリス棚まで、色とりどりの本棚が見参。
どうしてこの本の隣にこの本が⁉ なぜこの本が三冊も！ と
首をひねったりびっくりしたり。ルーペ片手に隅から隅まで
「絶景本棚」を堪能ください。

第1章

国士無双篇

角田光代
津野海太郎
東雅夫
山崎まどか
田口俊樹
塚田喜幸
アルビレオ
中野雄一
岩井清隆

角田光代
天空に広がる造り付けの世界

源氏物語
源氏物語
源氏物語
源氏物語
日本文学全集
無縁の花 水上勉
無縁の花 水上勉
手塚治虫物語 オサムシの島
手塚治虫物語 漫画の夢
水木しげる伝 水木しげる
水木しげる伝 水木しげる
水木しげる伝 水木しげる
火の鳥 8
火の鳥 9 手塚治虫
火の鳥 10 手塚治虫
火の鳥 11 手塚治虫
火の鳥 12
ララチッタ ブサン
河童の三平 水木しげる
水木しげる 貸本版 墓場鬼太郎 1
水木しげる 貸本版 2
水木しげる怪奇と風刺作品集
水木しげるの泉鏡花伝 水木しげる
台北・歴史建築探訪 片倉佳史
たましいの場所 早川義夫
BLACK JACK 11
地球の歩き方 ベトナム
地球の歩き方 タイ
地球の歩き方 ヨルダン・シリア・レバノン
地球の歩き方 ベトナム
地球の歩き方 エジプト イスラエル
杉並区
ララチッタ 上海
地球の歩き方 ギリシア
地球の歩き方 イスタンブールとトルコの大地
地球の歩き方 パリ&近郊の町
地球の歩き方 南仏
地球の歩き方 アンコール・ワットとカンボジア
地球の歩き方 マレーシア ブルネイ
地球の歩き方 チベット
地球の歩き方 シンガポール
地球の歩き方 ポルトガル
地球の歩き方 ニューヨーク
ハワイ島
地球の歩き方 ハワイ
地球の歩き方 タイ
地球の歩き方 香港 マカオ
地球の歩き方 シアトル&ポートランド
地球の歩き方 スイス
中国
台北
香港
京都
地球の歩き方 香港
ペリリュー 1
ペリリュー 6
ペリリュー 3
ペリリュー 4
ココミル 四国

聖書の歴史
創元社

マザーグースの子どもたち II

KLEE

TONY トニー
理論社

どろぼうたちのよる
佐々木マキ
絵本館

こども哲学
自由って、なに？
重松清

スヌーピーの しあわせは あったかい子犬
チャールズ・M・シュルツ
谷川俊太郎 訳

マザーグースの絵本I
だんだん馬鹿になってゆく

女に 谷川俊太郎詩集 佐野洋子絵
愛の物語

ろけっと こざる
岩波の子どもの本

マザーグース

かみさまへのてがみもっと

風呂のはなし

ショート・トリップ
森絵都

原爆

ふぶきのあした
どしゃぶりの
きりのなか
くものきれ
あるはれた
あらしのよる

ぎおんご ぎたいご にゃんこ
giongo gitaigo nyanko
〈手のひらサイズのねこ辞典〉
まじまじ
沖昌之
「必死すぎるネコ」の猫写真家がねこの擬態語を写真辞典に
——222点収録！満載にゃん！

ちいさいモモちゃん
松谷みよ子

屋根にのぼって
オードリー・コルンビス
さわやかな感動

夏への扉

クマのプーさん プー横丁にたった家
A・A・ミルン作
石井桃子訳
岩波 愛蔵版 2

ファミリー

ギリシア神話
少年少女世界の名作 15
偕成社版

沈黙の闘い
もの言わぬ女の子の物語
マージョリー・ウォレス

幻覚芸術

永遠の少年
M-L・フォン・フランツ
松代洋一 椎名恵子訳

ダダ DADA
現代美術の源泉

ヴァルター・ベンヤミン
子どものための文化史
晶文社

怪奇現象博物館
J・ミッチェル R・リカード
村田薫訳

陶酔論
ヴァルター・ベンヤミン
晶文社

櫻桃青衣
張怡微 著

アシッド・ドリームズ
第三書館

英詩に迷い込んだ猫たち
猫性と文学
松本舞
吉中孝志
小鳥遊書房

岩松了戯曲集
2000-2022
little more

続続・田村隆一詩集
現代詩文庫

忌野清志郎詩集

井上陽水英訳詞集
ロバート キャンベル
講談社

われはロボット〔決定版〕 アイザック・アシモフ
タイタンの妖女 カート・ヴォネガット・ジュニア
デッドアイ・ディック カート・ヴォネガット
火星のタイム・スリップ フィリップ・K・ディック
スラップスティック カート・ヴォネガット
スローターハウス5 カート・ヴォネガット・ジュニア
ローズウォーターさん あなたに神のお恵みを カート・ヴォネガット・ジュニア
猫のゆりかご カート・ヴォネガット・ジュニア
モンキー・ハウスへようこそ1 カート・ヴォネガット・Jr.
ホーカス・ポーカス カート・ヴォネガット
プレイヤー・ピアノ カート・ヴォネガット・Jr.
アンドロイドは電気羊の夢を見るか? フィリップ・K・ディック
マイ国家 星新一
ノックの音が 星新一
ボッコちゃん 星新一
安全のカード 星新一
おみそれ社会 星新一
地球から来た男 星新一
悪魔のいる天国 星新一
ボッコちゃん 星新一
宇宙のあいさつ 星新一
ショートショートの広場5 星新一編
銀河鉄道の夜 宮沢賢治

幸福論
純粋理性批判(上) カント著 篠田英雄訳
純粋理性批判(中) カント著 篠田英雄訳
純粋理性批判(下) カント著 篠田英雄訳
叶えられた祈り カポーティ
夜の樹 カポーティ
ティファニーで朝食を カポーティ
遠い声 遠い部屋 カポーティ
草の竪琴 カポーティ
冷血 カポーティ
結婚しよう アップダイク
イーストウィックの魔女たち J・アップダイク
ガープの世界(上) J・アーヴィング
ガープの世界(上) J・アーヴィング
ガープの世界(下) J・アーヴィング
ホテル・ニューハンプシャー(下) J・アーヴィング
未亡人の一年(上) J・アーヴィング
グレート・ギャツビー フィッツジェラルド
フィッツジェラルド短編集 フィッツジェラルド
O・ヘンリ短編集(一) O・ヘンリ
O・ヘンリ短編集(二) O・ヘンリ
O・ヘンリ短編集(三) O・ヘンリ
地下街の人びと J・ケルアック
かもめのジョナサン リチャード・バック
ジーキル博士とハイド氏 スティーヴンソン
われらの時代 男だけの世界 ヘミングウェイ
老人と海 ヘミングウェイ
町でいちばんの美女 C・ブコウスキー
町でいちばんの美女 C・ブコウスキー

北の国から
全1冊
SCENARIO 1981—'89
倉本聰
第七官界彷徨
尾崎翠
迷へる魂
尾崎翠
第七官界彷徨
幻想と迷宮！
不思議の国のララ
尾崎翠
私は彼女から青二才の生き方を学んだ
リラの僧院
中野孝次
文藝春秋
ベトナム戦記
開高健
白いページ
開高健
角川書店の人生論
戦後短篇小説選
『世界』1946–1999
3
岩波書店編集部編
武田泰淳集
新潮日本文学
42
純文学書下ろし特別作品
密会
安部公房
新潮社
フローラ逍遙
澁澤龍彥
内田百閒短篇全輯
冥途
六興出版
甘い蜜の部屋
新潮社
暁の寺
三島由紀夫
豊饒の海 三
世界は何回も消滅する
青山南編・訳
筑摩書房
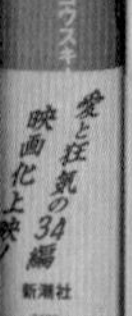
ブコウスキー 酔いどれ伝説
ニーリ・チェルコフスキー著／山本安見・坂山悠共訳
初の評伝

ありきたりの狂気の物語
チャールズ・ブコウスキー
愛と狂気の34編
映画化上映！
新潮社

ポスト・オフィス
チャールズ・ブコウスキー
幻の処女長篇

本当の話
ソフィ・カル

片道切符
ディディエ・ヴァン・コーヴラール
ゴンクール賞受賞作

もう行かなくては
イーユン・リー
待望の傑作長篇！
MUST I GO YIYUN
ここから世界が始まる
トルーマン・カポーティ初期短篇集
The Early Stories of Truman Capote
ティファニーで朝食を
待望の新訳
冷血
トルーマン・カポーティ
暗黒の祭典、待望の新訳
発表40周年記念出版
新潮社
深い衝撃とふしぎな開放感
筑摩書房

グレート・ギャツビー
スコット・フィッツジェラルド
村上春樹訳
美しく呪われた人たち
F・スコット・フィッツジェラルド
上岡伸雄訳
「失われた世代」を描く長編第二作、本邦初訳
このサンドイッチ、マヨネーズ忘れてる
ハプワース16、1924年
J・D・サリンジャー
キャッチャー・イン・ザ・ライ
The Catcher in the Rye
J・D・サリンジャー
村上春樹訳
村上春樹新訳
「ライ麦畑でつかまえて」
白水社
キャッチャー・イン・ザ・ライ
The Catcher in the Rye
J・D・サリンジャー
村上春樹訳
白水社

角田光代さんは数年前に自宅を新築した際、居住スペースとは別に夫婦の書庫兼仕事場を設け、壁二面に隙間なく本棚を造り付けた。書庫に入ると、正面に吹き抜けの二階天井まで届く本棚がどーんと目に飛び込んでくる。左側の壁全面にも天井まで造り付けた本棚があり、その大きさに圧倒されるが、各所に窓が設けられた室内は明るく、広い吹き抜けもあって開放感はたっぷり。以前の自宅本棚の本が全部入るくらいのを、と設計してもらったという本棚は合わせて収納力五千冊強！に見えるが、まだ四分の一ほどは空いたまま。並んでいる本は九十五パーセントが読んだ本で、処分するつもりのない思い入れのあるものばかりだという。本棚は海外文学、詩、児童書、音楽、日本文学、ノンフィクション、コミック、文庫とおおまかに分類されているが、江國香織が違う棚にあったり、いろんな作家が離れ離れになっている。そう指摘したら「揃えましょう」と、作家は江國香織を集めてコーナーを作り、吉田修一も森絵都も一か所にまとめ始めた。引っ越ししてから、長時間本棚を眺める機会がなかったそうで、じっくり見ていたら整理したくなったらしい。気づいたら本を抱えて階段を上ったり下りたりし、「ここが空いたので新しいのが入ります！」と破顔している。思い入れのある本が入る余地はまだまだありそうだ。

角田光代（かくたみつよ　作家）2023年4月号

新宿裏町三代記
野村敏雄著
ぼくの父は詩人だった
岩本隼
昭和30年代図鑑
花森安治戯文集 3
花森安治戯文集 2
暮しの手帖
別れの挨拶
丸谷才一
文士の友情
鮨
夢の歌から
降りつむ
リチャード・ブローティガン
ある作家の日記
ATOK
2010 for Mac
Office mac
文藝年鑑
E-Gate
新参者
昭和十三年生まれ

津野海太郎

興味の変遷がひと目でわかる

花森安治伝
志賀直哉全集
THE IDEAL CITY
Turn of the Century
みなみの三十歳頃
旅の時間
10セントの意識革命
シェイルバード
自由学園物語
私の食べ歩き
食いしん坊
KAIRO
花森安治伝
花森安治伝
史談と史論

落穂ひろい
一皿の料理
花森安治のデザイン
暮しの手帖
花森安治戯文集 1
花森安治戯文集 2
花森安治戯文集 3
昭和30年代図鑑
TG映画・新宿
愛するということ
困難な成熟
内田樹
オスカー・ワイルド
小澤征爾さんと、音楽について話をする
獄中記
五条坂陶工物語
犬であるとはどういうことか
評伝 石牟礼道子
魂の邂逅
冬の物語
ロベルト・シューマン
高橋悠治
季刊文科
赤瀬川原平
丸谷才一
別れの挨拶
死との対面
ボルヘス伝
本格的評伝
記憶する体
伊藤亜紗
影との戦い
風の演劇
評伝別役実
内田洋一
外国映画ぼくの500本
日本映画ぼくの300本
私の忘れ得ぬ映画ベスト10
アシェンデン
ファントマ幻想
フランス映画史の誘惑
ヒッチコック万歳！
天井桟敷の人々
POIROT AND ME
DAVID SUCHET
BOOKS KUNIYA
紀伊國屋
モンテーニュ
エリック・ホッファー自伝
現代という時代の気質
モンテーニュ エセー抄
チェーホフの感じ
トクヴィル
耳たぶに吹く風
天野忠
老世紀界隈で
伊藤信吉
フォースター
そのうちなんとかなるだろう
内田樹
IN SEARCH OF THE THIRD MAN
A HISTORY OF READING

津野海太郎さんの自宅は二〇〇〇年築の開放的な二階建てで、二階には十四畳ほどの津野さんの仕事部屋とフリーライターである妻・鈴木百合子さんの仕事部屋、そしてふたつの仕事部屋をつなぐ六メートルほどの廊下がある。廊下は奥に行くにしたがってわずかに上るスロープ状になっていて左右に本棚が造り付けられている。仕事部屋と廊下の本棚を合わせた収容力は七千冊くらいと言うが、目算では一万冊は入りそう。新築直後に本棚は満杯になり、以降、あふれたら整理して、を繰り返してきたから、二十年前から同じ位置に留まっているのは花田清輝全集や長谷川四郎全集など、上段二段に収められた本くらい。執筆中のテーマの資料をまとめて仕事机のそばの棚に並べ、終わったら空いているところに移動するので、坪内逍遙、ジェローム・ロビンス、花森安治、植草甚一など、関連書のコーナーが棚のあちこちにできている。つまり津野海太郎の興味の歴史がわかる本棚でもあるのだが、本人の本に対する執着は薄い。この家に住む前は三年に一度は引っ越しをし、その都度処分してきたのだ。本を増やさないことを心がけ、定期的に整理しているので棚に隙間も増えたがそれもよし。一作家三冊、合わせて棚ひとつ六百冊まで減らすことを考えた時期もあったらしいが、今はもうこのままでいいかと思っているそうだ。

津野海太郎（つのかいたろう　評論家・元編集者）２０２１年４月号

怪奇幻想の文学 VI
怪奇幻想の文学 V
怪物の時代
こわい話・気味のわるい話
吸血鬼幻想
小村雪岱
椿實全作品
幻想博物館
中井英夫
平凡社
吉田健一集成 8
幻坂
DINOSAUR
TAPE DISPENSER
トロール

怪獣フィギュアとフェイバリット

東雅夫

T.E.D. KLEIN
THE CEREMONIES • T.E.D. KLEIN
THE CLOCK OF DREAMS
THE LOVED DEAD H.P.LOVECRAFT
THE HOUNDS OF TINDALOS
CTHULHU'S REIGN
THE DISCIPLES OF CTHULHU
LOVECRAFT L.SPRAGUE DE CAMP
LIN CARTER
THE DREAM-QUEST OF UNKNOWN KADATH
The Mask of Cthulhu August Derleth
THE SURVIVOR AND OTHERS
NOT LONG FOR THIS WORLD
ROBERT W. CHAMBERS THE KING IN YELLOW
R.W. CHAMBERS The King in Yellow
DETOURS INTO THE MACABRE Edited by Peter Haining
Arthur Machen Tales of Horror and the Supernatural: 1
TALES OF HORROR AND THE SUPERNATURAL Volume two ARTHUR MACHEN
Lord Halifax's Ghost Book
ROBERT AICKMAN
紫の雲
ルクンドオ
いにしえの魔術
見えるもの見えざるもの
魔女王の血脈
魔女を焼き殺せ
ジョージおじさん
エイルマー・ヴァンスの心霊事件簿
〈グレン・キャリグ号〉のボート
続 世界怪奇ミステリ傑作選
世界怪奇ミステリ傑作選
一ダースの戦慄
心理サスペンス
二壜の調味料
聖アンセルム九二三号室
今夜の私は危険よ
太陽の黄金の林檎
黒いカーニバル
宇宙の妖怪たち
宇宙恐怖物語
新・幻想と怪奇
幻想と怪奇/2
幻想と怪奇/1
呪の家
怪奇クラブ
幽霊島
運命のSOS
怪奇小説傑作集 II
怪奇小説傑作集 I
魔人ドラキュラ
世界いちばんコワイ話
日本幽霊譚
亡霊怪猫屋敷
私は呪われている
インタビュー
平井呈一句集
溶ける母
芥川龍之介全集 7
現代怪談傑作集

DINOSAUR TAPE DISPENSER

本当はこんなに面白い「おくのほそ道」 安田登
人生はうしろ向きに 南條竹則
ドリトル先生の英国 南條竹則 文春新書
悲恋の詩人 ダウスン 南條竹則 集英社新書
恐怖の黄金時代 南條竹則 集英社新書
本が崩れる 草森紳一 文春新書
自分だけの一冊 北村薫
ショートショートの世界 高井信 集英社新書
プロレタリア文学はものすごい 荒俣宏 平凡社新書
サイコミステリー・ベスト100
ホラーミステリー・ベスト100 三谷茉沙夫
高橋敏夫
「闇学」入門 中野純 集英社新書
作家の誕生 猪瀬直樹
昭和33年 布施克彦 ちくま新書
清張ミステリーと昭和三十年代 藤井淑禎 文春新書
夜の言葉 ル＝グウィン
昭和文学の風景
温泉文学論 川村湊
異郷の昭和文学 川村湊 岩波新書
日本の異端文学 川村湊 集英社新書
隅田川の文学 久保田淳 岩波新書
維新前夜の文学 杉浦明平
薔薇幻視 中井英夫
ジャン・コクトー
人形作家 四谷シモン 講談社現代新書
病める舞姫 土方巽 白水uブックス
澁澤龍彦 ドラコニア・ワールド
快楽主義の哲学 澁澤龍彦 光文社
関ノ孫六 舩坂弘
三島由紀夫の二・二六事件 松本健一 文春新書
原民喜 死と愛と孤独の肖像 梯久美子 岩波新書
詩人の手紙
詩人との邂逅
食魔 谷崎潤一郎 坂本葵
泉鏡花
幻想の論理 脇明子
ラフカディオ・ハーン 太田雄三 岩波新書
三遊亭圓朝の明治 矢野誠一 文春新書
神々の明治維新 安丸良夫
羽黒山秘話 戸川安章
戸隠譚
修験道 宮家準
日本のシャーマニズム
輪廻転生 竹倉史人 講談社現代新書
恐山 死者のいる場所 南直哉
死の国・熊野 豊島修
熊野古道 小山靖憲 岩波新書
日本の古代道路を探す 中村太一 平凡社新書
日本人のタブー
「お墓」の誕生 岩田重則 岩波新書
弔いの文化史 川村邦光 中公新書
地獄めぐり 川村邦光 ちくま新書
中世神話 山本ひろ子 岩波新書
鬼がつくった国・日本 小松和彦 内藤正敏
龍の棲む日本 黒田日出男 岩波新書
龍の話 林巳奈夫 中公新書
幻獣の話 池内紀
モスラの精神史 小野俊太郎 講談社現代新書
グリム童話 鈴木晶
かぐや姫の誕生 伊藤清司
蛇女の伝説 南條竹則 平凡社新書
宇津ノ谷峠の地蔵伝説 木村文輝
地蔵信仰 速水侑
稲荷信仰 近藤喜博
生き神信仰 宮田登
魔よけとまじない 中村義雄
英雄と伝説 豊田武
義経伝説 高橋富雄
平家伝説 松永伍一
落人伝説を読む 村松定孝
安倍晴明伝説 諏訪春雄 ちくま新書
古事記の世界 西郷信綱
伝説の国
世界の民話 小沢俊夫
伝説の歴史
現代の民話 松谷みよ子 中公新書
霊界五十年
筑紫交霊録
女妖・女怪・女魔
怪談 幻妙な話
不思議との出合い
世にも不思議な話 徳川夢声
世界の怪談 庄司浅水
幽霊千一夜
日本妖怪集 山田野理夫
日本妖怪集 北から南から 山田野理夫
日本怪談集 山田野理夫
幽霊の住所録 中岡俊哉
日本の奇怪 三橋一夫
徳川家が見た幕末の怪 徳川宗英
大人の怪談
お化けの愛し方 荒俣宏
新釈 四谷怪談 小林恭二 集英社新書
四谷怪談 廣末保 岩波新書
日本の幽霊 諏訪春雄
心霊写真 小池壮彦
化物屋敷 橋爪紳也 中公新書
幻のツチノコ 山本素石
河童随筆
妖怪・神様に出会える異界 水木しげる
妖怪変化 常光徹 ちくま新書
現代語で読む「江戸怪談」傑作選 堤邦彦
江戸の妖怪絵巻 湯本豪一
奇想の江戸挿絵
百鬼夜行絵巻の謎
日本庶民生活誌

ANATOMY OF HORROR
HAUNTED HOUSES
GREAT GHOST STORIES
THE CENTAUR
DARK OF THE MOON
The Hollywood Nightmare
Peter Haining
PETER HAINING
THE MAGICIANS
OCCULT STORIES
鏡花全集 巻十三
鏡花全集
国訳漢文大成
国訳漢文大成
鏡花 雪岱
城左門全詩集
緑地帯
遥かなる栄光
黄金仮面の王
みすてりい
鬼火
RE-ECHO
河童曼陀羅
AMERICAN GROTESQUE

アンソロジスト東雅夫さんは東京の自宅のほか、金沢に仕事場をかまえ、蔵書を分散している。東日本大震災で東京の自宅マンションが被災、全戸の給湯タンクが壊れて室内が水浸しとなり、三、四千冊の本が水濡れ廃棄の被害にあったため、資料を分散する必要性を痛感したのである。金沢の仕事場にはリビング兼仕事場に十二棹、廊下に四棹、寝室に四棹の本棚を組み合わせて設置。数万冊を東京に残したまま五千冊ほどを移動し、怪獣フィギュアとともに収蔵している。宅配便で頻繁に移動させているそうで、並んでいるのは当座の仕事に必要な資料、自分の原点になっているマイフェイバリットな本、気分転換に読む、見て楽しい本や元気になる本だが、そこは東雅夫、尋常ではない。たとえば疲れたときに見て楽しむ本こそ、ショーン・タンやエドワード・ゴーリーだが、フェイバリットに並ぶのは桃源社の『日本怪談全集』だったり新人物往来社の『怪奇幻想の文学』だったりするのだ。さらにクトゥルー関係のコーナーがあり、小泉八雲に岡本綺堂の全集、『定本 柳田國男集』が奥に鎮座しているかと思うと、火野葦平の『河童曼陀羅』『石と釘』という河童小説が出てくるという次第。ウルトラQの怪獣フィギュアと一緒に『お化けの愛し方』や『モスラの精神史』を堪能できる、まさにアンソロジストならではの本棚なのである。

東雅夫（ひがしまさお　アンソロジスト）２０２０年３月号

Woman's World
WHITE GIRLS
HILTON ALS
LONELY CITY
SWIMMING STORIES
NOT THAT KIND OF GIRL
Ali Smith Public library
The End of My Career
EMMA STRAUB
PERSONAL LIBRARY
DOLLHOUSE FIONA
EVERYBODY RISE
MANHATTAN'S BABE
NINTH STREET WOMEN
IDENTITY UNKNOWN
MAD MEN
IMPROV NATION

山崎まどか

自作仕切り板で分類された見えるデータベース

バームサンデー
海を失った男
ファイトクラブ
Woman's World
NOT THAT KIND OF GIRL
MAEVE BRENNAN
WHITE GIRLS HILTON ALS
THE LONELY CITY
SWIMMING STUDIES
MOLLY RINGWALD
The End of My Career
Ali Smith Public library
EMMA STRAUB ALL ADULTS HERE
THE PERSONAL LIBRARIAN
THE WATER CURE
DOLLHOUSE FIONA DAVIS
EVERYBODY RISE
THE BURNING HOUSE
NAME-MOVIE
FICTITIOUS DISHES
BAKING WITH KAFKA
40 Days of Dating
MANHATTAN'S BABE
NINTH STREET WOMEN
IDENTITY UNKNOWN
MAD MEN
IMPROV NATION
CECIL BEATON
DIANA VREELAND
AudreyHepburn
MAKING IT NEW
HOPPER PLACES
MY IDEAL BOOKSHELF
JANE AUSTEN COVER TO COVER
EDITH BOUVIER BEALE
CENTURY GIRL
CANDY DARLING

失われた夜の歴史
愚か者の船
ロリータ
STONER
JACK KEROUAC
UNDERWORLD
AMETORA
TRUE PREP
NICKEL BOYS
SHAKER COOKING
PENGUIN
SABRINA
THE PARIS REVIEW
McSWEENEY'S

都市の周縁
都会の幻想
観光と乗物
機械のメトロポリス
犯罪都市
プロレタリア群像
異国都市物語
都市の詩集
夜ふけと梅の花 井伏鱒二著
海の愛撫 阿部知二著
ボア吉の求婚 中村正常著
戀とアフリカ 阿部知二著
黒い地帶 佐左木俊郎著
相川マユミといふ女 楢崎勤著
花ある寫眞 川端康成著
豹の部屋 さき・ふさ著
有閑夫人 池谷信三郎著
R汽船の壮圖 中河與一著
女百貨店 吉行エイスケ著
新種族ノラ 吉行エイスケ著
神聖な裸婦 楢崎勤著
悲劇を探す男 尾崎士郎著
物質の彈道 岡田三郎著
愛慾の一匙 舟橋聖一著
キャベツの倫理 十一谷義三郎著
十九の夏
不器用な天使
隕石の寝床
ボール紙の皇帝萬歳
暴露読本
辻馬車時代
傷だらけの歌
久生十蘭全集
黄金遁走曲 久生十蘭
M・子への遺書
人生遊戯派 龍膽寺雄
きもの 幸田文
吉屋信子著
わすれなぐさ 吉屋信子
薔薇の花の長い服
燈火節
暖炉 野溝七生子短篇全集
ヌマ叔母さん 野溝七生子
架空の庭 矢川澄子
甘い蜜の部屋 森茉莉
私の美男子論 森茉莉
わたしは驢馬に乗って下着をうりにゆきたい 鴨居羊子
午後の踊り子 鴨居羊子
単語集 金井美恵子
アカシア騎士団 金井美恵子
愛のような話 金井美恵子
楽園後刻
あかるい日の歌 岸田衿子
ナイトゲーム
夜のアポロン
倒立する塔の殺人 皆川博子
ヒナギクのお茶の場合 多和田葉子
百年の散歩 多和田葉子
おはなしして子ちゃん 藤野可織
ファイナルガール 藤野可織
ドレス 藤野可織
ピエタとトランジ 藤野可織
来世の記憶 藤野可織
持続可能な魂の利用 松田青子
男の子になりたかった女の子になりたかった女の子 松田青子
藁の王 谷崎由依
ジョン 早助よう子
夏物語 川上未映子
ねにもつタイプ 岸本佐知子
なんらかの事情 岸本佐知子
ひみつのしつもん 岸本佐知子
死ぬまでに行きたい海 岸本佐知子
ジャズのある風景 山中千尋
映画
芸談
食器
薔薇は生きてる
セピア色の日々 中林洋子
雨の日の手紙
孤独がきみを強くする 岡本太郎
最後の夏
サーフ・シティ・ロマンス 片岡義男
ロンサム・カウボーイ 片岡義男
シヴォレーで新聞配達 片岡義男
ラハイナまで来た理由 片岡義男
恋愛は小説か 片岡義男
洋食屋から歩いて5分 片岡義男
珈琲が呼ぶ 片岡義男
文房具を買いに 片岡義男
彼らと愉快に過ごす
東京のドン・キホーテ 小林信彦
イラストルポの時代
死体を無事に消すまで
寺山修司
ニューヨークのフリックを知ってるかい
不思議図書館
プレイボーイ入門
ダンディズムについての個人的意見
ぼくのニューヨーク地図ができるまで
いい映画を見に行こう
ヒッチコック万歳
ニューヨークの古本
ざわめく街のシンフォニー
パリの女たち
LAハードボイルド
ハリウッド幻想工場
めまいの街
癒しとカルトの大地
ビーチと肉体
ハイウェイの誘惑
モダン・デザイン全史

ACTION FIGURE
DAUNT BOOKS
CHELSEA BELGRAVIA MA BONE CHESTER
おともだち
棒がいっぽん
チョコレート
パリの女

胡椒息子
コーヒーと恋愛
富士日記
ロリータ
魔法のお店
アンナ・カレーニナ
河出文庫
映画化原作
奇術師
スペシャリストの帽子
幻想と怪奇
レイチェル
四人の女
原野の館
ザ・サークル
黒の迷路
杉の柩
キス・キス
わたしは驚異

コラムニストの山崎まどかさんはこの七月の引っ越しに際し新居のリビングの壁一面を本棚化することを計画。壁面のサイズを測って、一センチ単位でオーダーできる通販ショップに組み立て式の本棚を注文し、ものすごい数の板と格闘して本棚を設置した。幅八十センチの本棚が五棹で左右四メートル、高さと奥行は梁までぴったりで、まるで造り付けのよう。パイン材の木目も美しい本棚には自作の仕切り板が各所に差し挟まれ、「カルチャー」「エッセイ・ノンフィクション」「アート」「文芸エッセイ」「米文学」「英文学」「ヨーロッパ文学・その他」と分類されている。右端の棚に洋書、下二段に大判の本が整然と並ぶ様は仕切り板効果も相まって海外文学寄りのセレクトショップの棚のようでもある。リビングにもう一棹、写真集など大判の洋書を収めたオーダーメイドの重厚な本棚があり、書斎に国内外の古書店で購入した古本を収めたガラス戸付きのアンティークな本棚と海外文学、ミステリー、SF、日本文学とジャンル別に整理された細長い文庫の棚が三棹、さらに近くの第二書斎に映画と音楽の資料本が置いてあるそうだが、自宅の本棚はどれも本を前後二重に置かないのが決まりごと。持っている本を目で見て把握していたいからで、ただ美しいだけじゃない、見えるデータベースとして機能する本棚なのである。

山崎まどか（やまさきまどか　コラムニスト）2022年1月号

田口俊樹

富士山を望む高さ四メートルの本棚

BEATLES

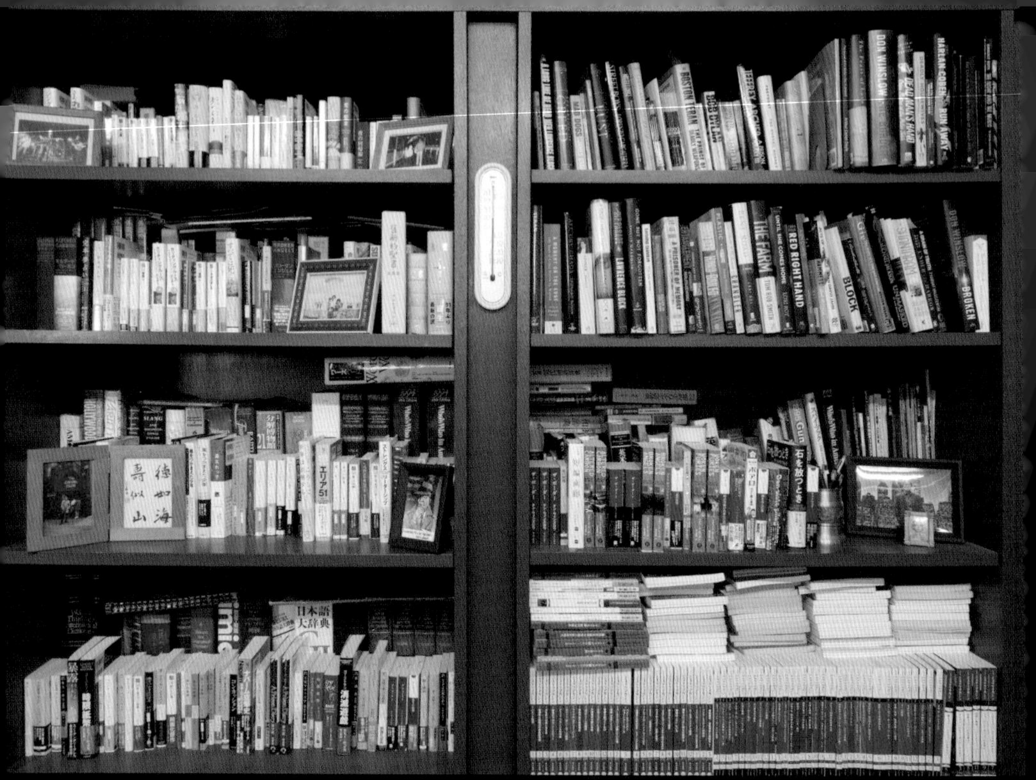

日本推理作家協会会員名鑑
シェイクスピア ソネット集 〔完訳〕 中西信太郎
英宝社
ミステリの名書き出し100選
双眼鏡からの眺め
ある日うっかりPTA 杉江松恋
希望は生徒 根津公子
38人の沈黙する目撃者
書評稼業四十年 北上次郎
書斎の旅人 宮脇孝雄
翻訳教室
標的：麻薬王エル・チャポ
橋本治と内田樹
ペスト
ビール・ストリートの恋人たち
三体 劉慈欣
路地裏の迷宮踏査 杉江松恋
新パパイラスの舟と21の短篇 小鷹信光
英和翻訳基本辞典
アガサ・クリスティー完全攻略 霜月蒼
スパイたちの遺産
ねみみにみみず
続・翻訳の基本

類語大辞典
柴田武 山田進 編
Kodansha
新発売！
79000項目
最大・最新の
日本語
類語辞典
講談社

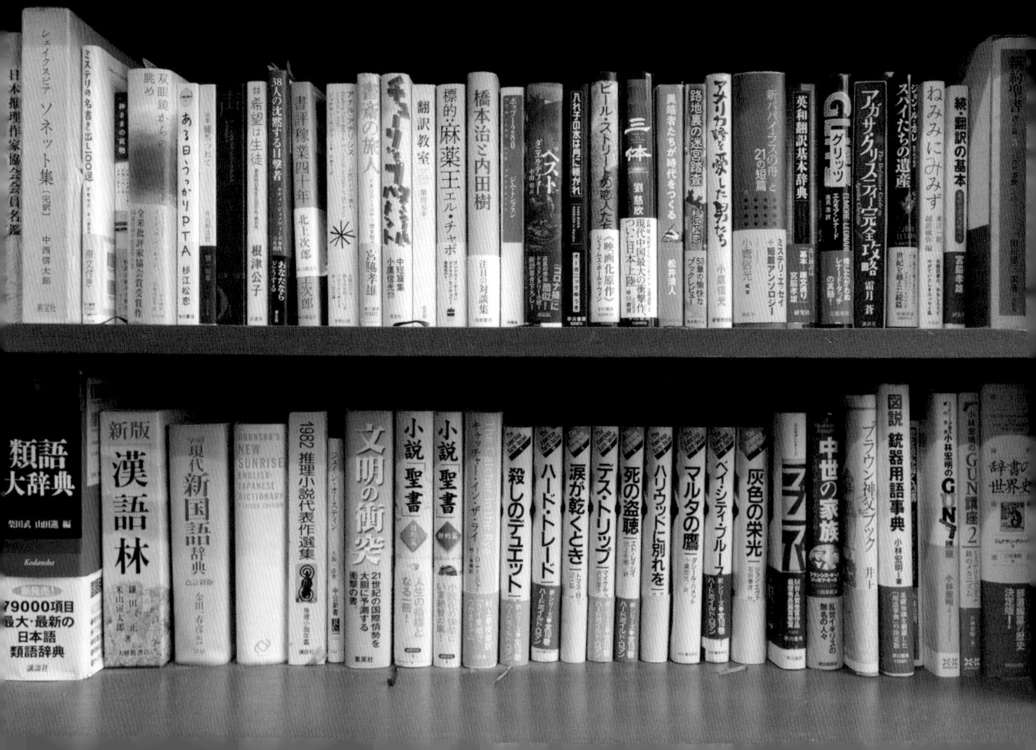

翻訳家・田口俊樹さんは二十五年前に自宅を新築した際、二階から三階まで吹き抜けを設け、高さ四メートル弱、幅一メートル六十センチ、十三段の本棚を三階の天井まで造り付けた。対面には国語教師をしていた奥さんの本棚が同じ仕様で造り付けられ、腰の高さの棚で二つの本棚は結ばれている。中央の棚の上には三階に抜ける大きな窓があり、晴れた日には遠くに富士山が望める。二階廊下の壁には四段の文庫用の本棚が造り付けられていて、やはり夫用、妻用に分けられているが、夫用だけがスペースがどかんと空いている。東日本大震災をきっかけに単行本も合わせ、思い切って整理したのだ。四メートルの本棚には英語教師時代に購入した英米文学の作家論集から、アメリカ文学、和洋のミステリーなどが並ぶが、上段には文学青年時代に読んだ丸山健二や吉行淳之介などの日本文学も。吉行淳之介は二十代のころ毎日読んでいたというほどはまっていたそうで、文庫の棚にも吉行がずらり。三階の仕事部屋にも本棚があり、自身の訳書と原書のほか、趣味の競馬本などが収められているが、仕事机から吹き抜けが見下ろせるガラス戸の上に並んだ訳書の奥は「富士の間」と呼んでいる一畳強の休憩スペースになっていて、かつては富士山と本棚を眺めては仕事の疲れを癒していたらしい。

田口俊樹（たぐちとしき　翻訳家）２０２１年3月号

特別純米
而今
VALE TUDO

塚田喜幸

酒瓶とともに並ぶ一軍の本たち

値段でわかる沖縄庶民ライフ
沖縄チャンプルー事典
突撃・島酒場
沖縄ディープインパクト食堂
旅する天皇
竹内正浩
沖縄の戦跡と軍事基地
本土の人間は知らないが、沖縄の人はみんな知っていること
「米軍が恐れた不屈の男」瀬長亀次郎の生涯
佐古忠彦
沖縄ソウル
石川真生
市場界隈
橋本倫史
沖縄アンダーグラウンド
売春街を生きた者たち
藤井誠二
沖縄 オトナの社会見学
読めば宮古
KBG84
沖縄 裏の歩き方
沖縄 裏の歩き方
沖縄オバァ烈伝
うちなーぬ たからむん
照屋林賢
沖縄島建築
吉田直人
君知るや名酒あわもり
池間一武
沖縄の世界遺産
復帰前へようこそ
沖縄島々風便り
横濱クッキング
東京たべもの探険
私の食物誌
吉田健一
カワハギの肝
小津安二郎の食卓
くいいじ
安野モヨコ
行きつけの店
山口瞳
港町食堂
奥田英朗
食の極道
勝谷誠彦
食のほそみち
汁かけめし快食學
遠藤哲夫
不味い!
小泉武夫
定食バンザイ!
今柊二
B級グルメ大当りガイド
田沢竜次
東京B級グルメ放浪記
大衆食堂パラダイス!
遠藤哲夫
大阪下町酒場列伝
井上理津子
久住昌之
ひとり飲み飯 肴かな
突撃!はしご呑み
色街を呑む!
地酒と肴の旅
東京酒場漂流記
酒にまじわれば
なぎら健壱
下町酒場巡礼
多摩川飲み下り
大竹聡
酒呑まれ
大竹聡
居酒屋コンフィデンシャル
自選 ニッポン居酒屋放浪記
太田和彦
居酒屋道楽
太田和彦
酒場百選
浜田信郎
瀬戸内海島旅入門
ホントに旨い沖縄料理店
沖縄の誘惑
沖縄を撃つ!
花村萬月
日本で楽しむ「世界の絶景」
沖縄
仲村清司
沢田マンションの冒険
「島旅」の楽しみ方
四国遍路
街場の大阪論
江弘毅
さらば雑司ヶ谷
東京の江戸を遊ぶ
なぎら健壱
東京島
東京魔界案内
東京湾ぷかぷか探検隊
不思議の町 根津
森まゆみ
東京23区物語
泉麻人
銀座旅日記
常盤新平
東京地名考 上
東京地名考 下
TOKYO STYLE
都築響一
ロスト・モダン・トウキョウ
生田誠
秘蔵カラー写真で味わう60年前の東京・日本
ステーキ!
ナポリタン
うなドン
ホルモン奉行
角岡伸彦
麺道一直線
勝谷誠彦
復興なんて、してません
ニッポン景観論
アレックス・カー
終着駅はこうなっている
チャレンジする地方鉄道
贅沢な出張 全国鉄道ガイド
川島令三
極みのローカルグルメ旅
新廃線紀行
車両基地
封印された鉄道史
小川裕夫
奇食珍食 糞便録
椎名誠
コーヒーと恋愛
獅子文六
タタタ旅の素
太平記紀行
ニッポン発見記
池内紀
てくてくカメラ紀行
旅行けばネコ
大人の写真 子供の写真
ちいさな城下町
安西水丸
ワーゲンバスの気分
町の忘れもの
なぎら健壱
千葉を斬る
小川隆行
千葉県謎解き散歩
遠野物語

比較大図鑑
INCREDIBLE COMPARISONS
はらぺこ あおむし
すうじかるた 100
コスモス 宇宙 1
コスモス 宇宙 2
コスモス 宇宙 3
コスモス 宇宙 4
西蔵放浪
本多勝一 戦場の村
ビッチェズ・ブリュー
マイルス・オン・マイルス
マイルス・デイビスの世界
ウィ・ウォント・マイルス
平岡正明
マイルスを聴け!!
中山康樹
Miles Davis
マイルス・デイビス
ジャズ批評 45
ジャズ批評 91
マイルス・デヴィス
JAZZ MAGAZINE
激白 JAZZ TALKIN' 小川隆夫
ジャズ100年史
ザ・サンゴ
新しい歴史教科書
抹殺された古代民族の謎
オーパーツの謎
マイケル・ジョーダン
マイケル・ジャクソン 裁判
マンガで読むロックの歴史
レコード・コレクターズ
British Rock Vol.1
ストレンジ・デイズ
ミュージック・マガジン
スライ&ファンク
Soul & Funk
P-FUNK

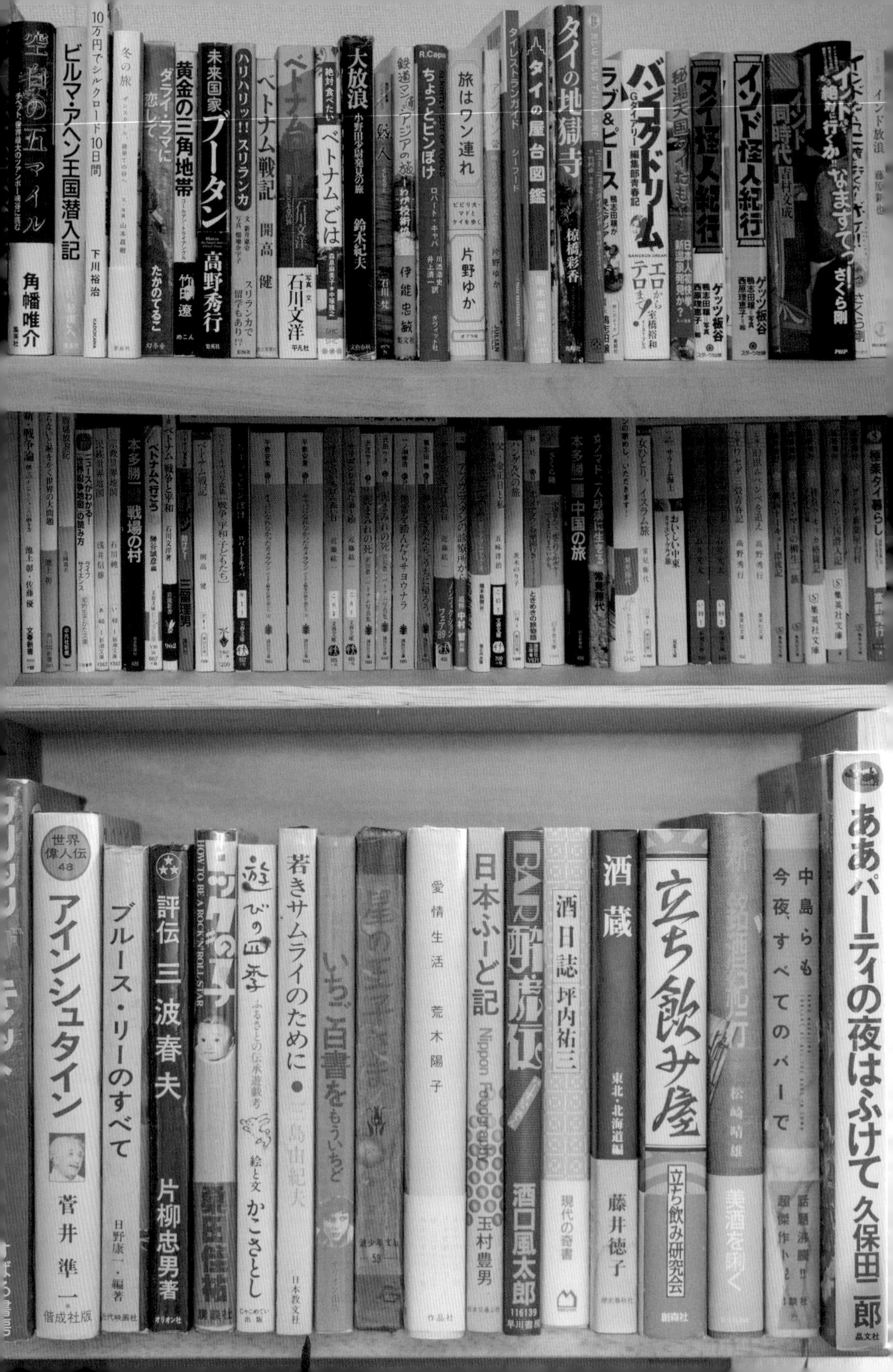

空白の五マイル
角幡唯介
ビルマ・アヘン王国潜入記
10万円でシルクロード10日間
下川裕治
冬の旅
ダライ・ラマに恋して
たかのてるこ
黄金の三角地帯
未来国家ブータン
高野秀行
ハリハリッ!! スリランカ
ベトナム戦記
開高健
ベトナム
石川文洋
絶対食べたい ベトナムごはん
大放浪 小野田少尉発見の旅
鈴木紀夫
伊能忠敏
ちょっとピンぼけ
ロバート・キャパ
旅はワン連れ
片野ゆか
タイレストランガイド
タイの屋台図鑑
タイの地獄寺
椋橋彩香
ラブ&ピース
バンコクドリーム
室橋裕和
タイ怪人紀行
ゲッツ板谷
インド怪人紀行
ゲッツ板谷
さくら剛
インド放浪
本多勝一 戦場の村
ベトナムへ行こう
本多勝一 中国の旅
極楽タイ暮らし
世界偉人伝 48
アインシュタイン
菅井準一
偕成社版
ブルース・リーのすべて
日野康一・編著
評伝 三波春夫
片柳忠男著
HOW TO BE A ROCK'N'ROLL STAR
遊びの四季 ふるさとの伝承遊戯考
絵と文 かこさとし
若きサムライのために
三島由紀夫
日本教文社
愛情生活
荒木陽子
作品社
日本ふーど記
Nippon Foodgraph
玉村豊男
酒口風太郎
早川書房
酒日誌
坪内祐三
現代の奇書
酒蔵
東北・北海道編
藤井徳子
立ち飲み屋
立ち飲み研究会
松崎晴雄
中島らも
今夜、すべてのバーで
ああパーティの夜はふけて
久保田二郎
晶文社

児童書出版社に勤務する塚田喜幸さんは３ＬＤＫの自宅マンションのリビング、長男の部屋、次男の部屋の三部屋に自作の本棚を置いている。メインはリビング中央に据えられた本棚で、南アジアから東アジア、アフリカからアメリカ、辺境、温泉、東京など、旅関係の本が地域ごとに分類されて並べられている。著者別ではなく地域でわかれているので、たとえば高野秀行の本は高野秀行でまとまっているのではなく、アフリカだったりアジアだったり辺境だったりにいたりするのである。対面の背の低い棚に収められているのは沖縄本のほか、酒や食べ物関係。酒場や食べ物の本はＣＤラックと自作の棚を組み合わせたキッチンカウンターの下にも、ＣＤやぐいのみ、酒瓶とともに縦横に並んでいる。見上げると食器棚の上にも本がびっしり。こちらは旅関係だ。次男の部屋の本棚に並ぶのは出版・本関係、プロレス関係、絵本。この春、空室となった長男の部屋に積んであるのは以前会社で販売していた学級文庫向けの書架付きセットの箱で、旅本のほか、サブカル系、ジャズ、音楽雑誌のバックナンバーなどが収められている。ちなみにメインの本棚、食器棚の上、長男の部屋はそれぞれ一軍、二軍、育成枠とのことで、酒と旅本を愛する塚田さんは毎晩、酒を飲みながら一軍から二軍へと、本を並べ替えるのを楽しんでいるのである。

塚田喜幸（つかだよしゆき　児童書出版社勤務）２０２０年８月号

FRAGILE
DO NOT CRUSH
ズラータ、16歳の日記
五木寛之

アルビレオ

部屋の中央を占める「多重人格者の本棚」

小説すばる
名もなき花の挽歌
J・D・ロブ
悲しき正義をつかまえろ
大学で何を学ぶか
永守重信
「これからの時代を生きる君たちへ」
家族
願い針
土に贖う
KISS KISS
ROALD DAHL
あなたの運命

アルビレオは神保町に事務所を構える装丁事務所だ。鈴木成一デザイン室の同僚だった西村真紀子さんと草苅睦子さんの二人が二〇〇八年八月八日に独立して設立した。事務所を構えるにあたって最初にしたのは四メートル幅の本棚を部屋の真ん中に造り付けること。七段の棚が縦に五つに分かれた本棚は自社の装丁本を並べるために用意されたもので、スタート時は空っぽだったが、あっという間にいっぱいに。仕事のペースに本棚のスペースが追いつかず、腰高窓の下に絵本用の本棚、流し場の手前に新書・文庫用の本棚を追加で造り付けたが、どれも満杯になったため、最初のころに装丁した本から順にダンボール箱に収めて倉庫に預けているそうだ。部屋中央の大きな本棚は単行本用で、最下段には資料が並んでいるが、上六段はすべて自社の装丁本。それも出版社の五十音順で出版社別に、左端から右端までいって次の段というふうに並んでいるので、どこの出版社の本が多いか一目瞭然。棚の中央で面陳になっているのは色校正で、書店で見たときにどんな感じに見えるか確認するのである。それにしても文芸書から実用系までジャンルがバラエティに富み過ぎて、個人の本棚だとしたら、いったいどんな頭の持ち主なのか⁉︎と疑問を感じるところ。と思ったら、この本棚は「多重人格者の本棚」と呼ばれているらしい。

アルビレオ（装丁事務所）　2022年11月号

昭和史
幕末史
本の雑誌
世界史
ULTEGRA

中野雄一

ミニギャラリーのようなスペースで
本と音楽を楽しむ

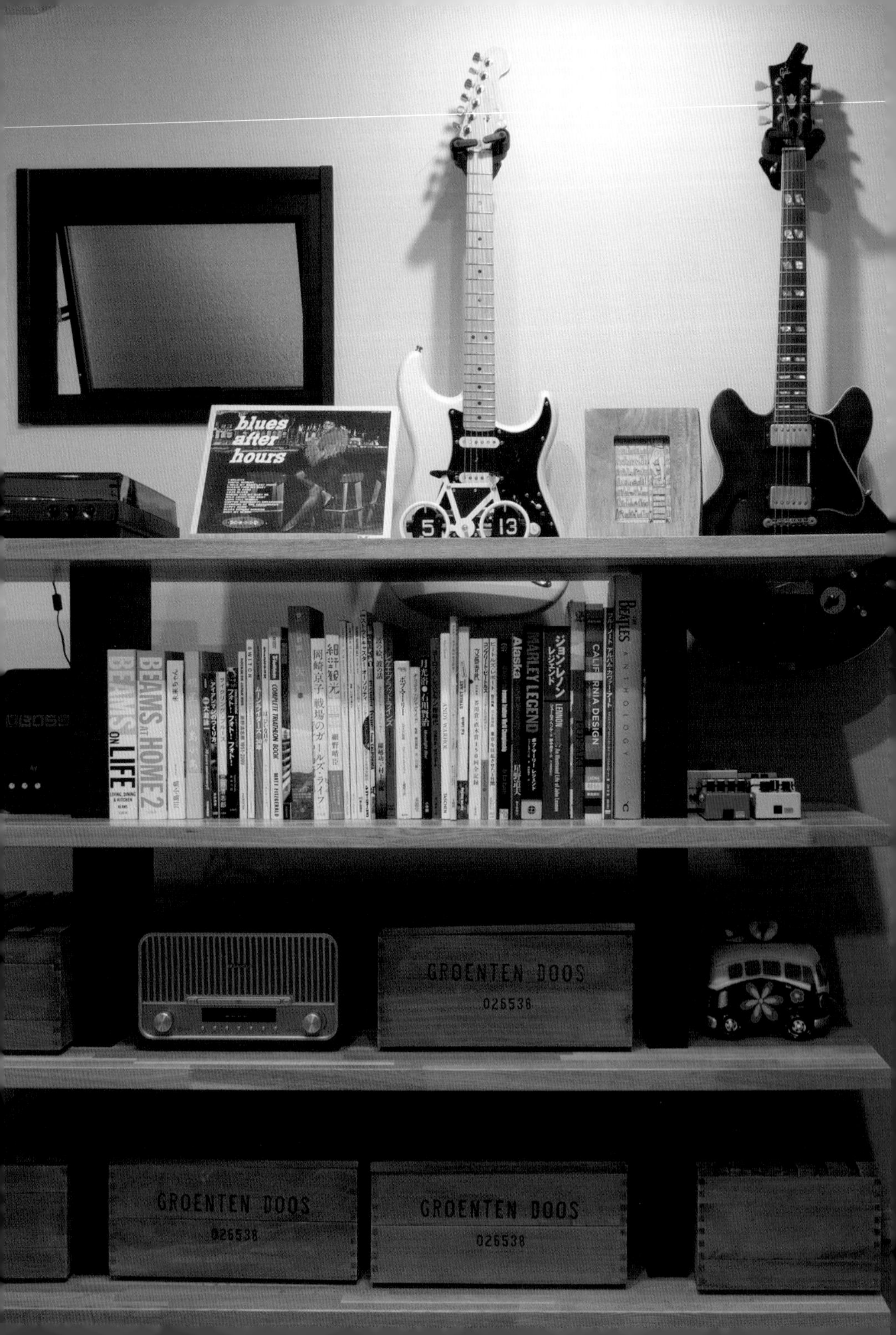

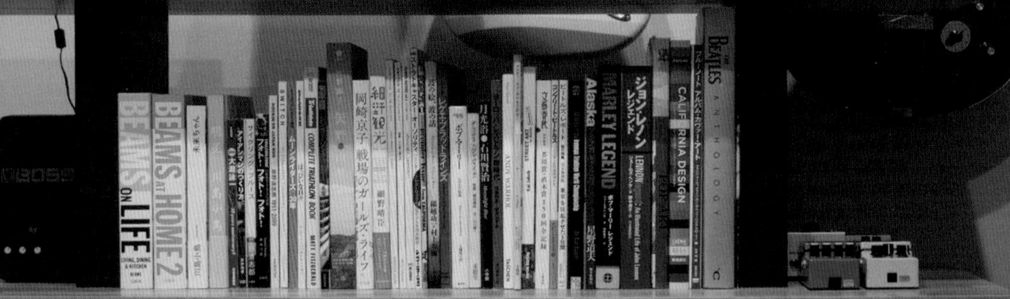

blues after hours
5
13
BEAMS ON LIFE
BEAMS AT HOME 2
COMPLETE TRAINING BOOK
岡崎京子 戦場のガールズ・ライフ
ANDY WARHOL
Alaska
MARLEY LEGEND
ジョン・レノン レジェンド
CALIFORNIA DESIGN
THE BEATLES ANTHOLOGY
GROENTEN DOOS
026538
GROENTEN DOOS
026538
GROENTEN DOOS
026538

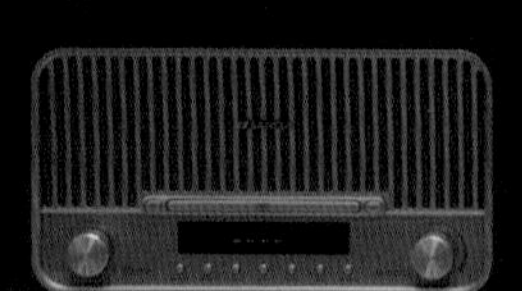

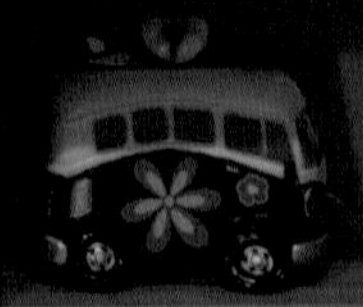

取材時博報堂勤務、現DRUM UP代表の中野雄一さんは築三十年の自宅マンションをリノベーション。廊下をなくし、玄関を開けるといきなり本棚が目に飛び込んでくる間取りに変更した。十畳ほどの書斎には自ら木材を選び設計した天井までの本棚が二棹造り付け、山、ランニング、食、アメリカ、音楽、落語、自転車など、テーマ別に本を分類。リノベーションに際して小説類は村上春樹と本屋大賞受賞作以外、大胆に処分したそうで、ノンフィクションを中心に厳選した千冊ほどの本がセレクトショップのように並んでいる。千二百枚のLPレコードと千五百枚のCD、五百冊ほどの文庫、新書、岡崎京子以外に唯一残した漫画『こち亀』が並ぶ和室の造り付け本棚はロールスクリーンで隠れるようになっているが、閉めることはほとんどないらしい。小上がりふうの和室の両サイドに造り付けられた雑誌ラックと飾り棚には写真集や大判の雑誌、額装されたソール・ライターの写真などが並べられ、さながらミニギャラリーのよう。書斎には趣味のトライアスロン用の自転車が二台置かれ、壁に飾られたギターはスポットライトで照らされている。書斎の隣は洗面所だが、ドアを開け放し、鏡に映る本の背を見ながら歯を磨くのが至福のときだという。本と音楽がある生活を存分に楽しめる部屋なのである。

中野雄一（なかのゆういち　DRUM UP代表）２０２１年2月号

岩井清隆

書斎に納戸、仏間に寝室、そして廊下。本棚は増殖する

巨人
生意気盛り
ヘスペルス
ジーベンケース
ある婦人の肖像
鳩の翼
使者たち
黄金の盃
象牙の塔
過去の感覚
さかしま
彼方
出発
ガルガンチュワ物語
パンタグリュエル物語
南総里見
八犬伝
ホフマン全集
盗まれた記憶
愉楽
炸裂
丁庄の夢
霊山

増補 校訂 標準日本口語法
現代日本語法の研究
國語學史
日本文法講義
日本口語法講義
国語学史要 山田孝雄
日本文字の歴史 山田孝雄
改撰標準日本文法 松下大三郎
新訂日本俗語文典 付 遠江文典
係り結びの研究 大野晋
上代仮名遣の研究
國語學概論
國文法體系論
日本語の系統
言語の系統と歴史
言語学の方法 服部四郎
ソヴィエト言語学者の日本語研究論文集
琉球方言の古層 名嘉真三成
言語伝達説と言語認識説の系譜
日本語に主語はいらない
英語にも主語はなかった
歴史的仮名遣い
漢字の社会史
日本文法の系譜学
ことばは壊れない
ソシュールとサピアの言語思想
構造から見る日本語文法
言語理論としての語用論
概念意味論の基礎
話し言葉の日本史
アイヌは原日本人か
日本語の深層
日本語の誕生
数え方の日本史
万葉集と古代史
国文学の誕生
日本語学を斬る
コトバの魔術と思考
コトバの生理と文法論
英語文法批判 宮下眞二
私の日本語雑記
「二重言語国家・日本」の歴史 石川九楊
日本語と日本思想 浅利誠
ナラトロジーの言語学
言語学入門
バフチンを読む
科学哲学の冒険
ハイデガーとサルトルと詩人たち
意味の世界
マックス・ヴェーバー
「自分」と「他人」をどうみるか
現代哲学
記号論
小説の記号学
記号学原理
主語を抹殺した男 金谷武洋
日本語の文法 三浦つとむ
ソ連言語理論小史
言語史要理
百科全書
一般言語学要理
ポール・ロワイヤル文法
一般言語学入門
記号論と言語哲学 ウンベルト・エーコ
カントとカモノハシ 上
カントとカモノハシ 下
二十世紀の言語学
言語学・記号学・解釈学
マルクス主義と言語哲学
詩学から言語学へ ロマーン・ヤーコブソン
言語とメタ言語
サピアの言語論 平林幹郎
言語論のランドマーク
経験と自覚
西田幾多郎の憂鬱 小林敏明
福岡伸一、西田哲学を読む
日本文学源流史 藤井貞和
文法的詩学 藤井貞和
大江健三郎・志賀直哉・ノンフィクション 虚実の往還
構造としての語り・増補版 小森陽一
研究史 日本語の起源
ライプニッツ
西田幾多郎
中井久夫
柳田国男
久生十蘭
夢野久作
谷崎潤一郎 没後五十年、文学の奇蹟
澁澤龍彦の世界
夏目漱石

エロチック街道
安部公房全作品 1
安部公房全作品 2
安部公房全作品 3
安部公房全作品 4
安部公房全作品 7
安部公房全作品 8
安部公房全作品 9
安部公房全作品 10
安部公房全作品 11
安部公房全作品 12
榎本武揚 安部公房
砂の女 安部公房
燃えつきた地図 安部公房
箱男 安部公房
密会 安部公房
方舟さくら丸 安部公房
安部公房 カンガルー・ノート
砂漠の思想 安部公房 講談社
他人の顔 安部公房
知の最前線
横断する文学
本居宣長の思想と心理
柳田國男 その原郷
ポストモダン・アメリカ
幻想文学
アメリカン・ナルシス
横光利一 菅野昭正
川端康成伝 小谷野敦
谷崎潤一郎伝 小谷野敦
江藤淳と大江健三郎
谷崎潤一郎の文学 伊藤整
幸田露伴
寂しい近代
鴎外と漱石
二葉亭四迷と明治日本 桶谷秀昭
芥川龍之介
芥川龍之介 作品の迷路
ひき裂かれた〈わたし〉
志賀直哉で「世界文学」を読み解く
東と西
折口信夫
柳田国男
折口信夫伝 岡野弘彦
バタイユとその友たち
古井由吉 白暗淵
フロイト 1
フロイト 2
日本文学史
万葉集歌人事典
ウィトゲンシュタイン小事典
ソシュール小事典
チョムスキー小事典
加藤周一著作集 12
日本語の語源
明解言語学辞典
「待つ」ということ
文献日本語学
『言海』と明治の日本語
日本語のミッシング・リンク
日本語が亡びるとき 水村美苗
JIS漢字字典
字統 白川静
字訓 白川静
大江健三郎全作品
個人的な体験 ヒロシマ・ノート
同時代ゲーム 大江健三郎
人生の親戚 大江健三郎
「雨の木」を聴く女たち
治療塔 大江健三郎
治療塔惑星 大江健三郎
静かな生活
僕が本当に若かった頃 大江健三郎
懐かしい年への手紙
「救い主」が殴られるまで
揺れ動く〈ヴァシレーション〉
大いなる日に
宙返り 上
宙返り 下
取り替え子 大江健三郎
憂い顔の童子 大江健三郎
さようなら、私の本よ! 大江健三郎
晩年様式集 大江健三郎

本誌の定期購読者でもある読書人・岩井清隆さんは都内の自宅で一万冊を超える本とともに暮らしている。三階建ての自宅には一階廊下、二階の廊下と仏間、三階の書斎と納戸、そして寝室の六か所に本棚が設置されていて、まさに家全体が本棚。そもそもは二十年前に新築した際、二階廊下に高さ二百三十cm×幅九十cm×奥行四十五cmの本棚を三棹、三階三畳の書斎に同サイズの本棚を四棹造り付けたのが本との共存のスタートで、当初は廊下の本棚の三分の一くらいに映画のDVDを並べる余裕があったが、五十ミリレンズを五十本所有していたというカメラ熱、そしてピーク時には年に七百五十本観たという映画熱が収まった四年前から本の道へ一直線。あっという間に棚は埋まり、納戸に市販のスライド棚を五棹置いて以降、寝室、仏間、一階廊下と本棚を増設、増殖する本に対応してきたのである。言語学、記号学など、ジャンル別にパソコンに入力された本は、それぞれの棚に分類されて並べられ、たとえば三階書斎は人文系と全集類、寝室は自然科学に数学、物理、生物、進化論等、理工系で整理されている。二階廊下は学生時代に購入したフローベール全集とバタイユ著作集を始め、国書刊行会の世界幻想文学大系、ゴシック叢書などが並ぶ愛蔵本コーナーだ。眺めていてまったく飽きない、読書人の名にふさわしい本棚なのである。

岩井清隆（いわいきよたか　読書人）2020年2月号

第2章

万里一空篇

柳下毅一郎
V林田
津田淳子
岩郷重力
鈴木宏宗
川村康文
織作千秋・夏子
荒川佳洋

柳下毅一郎

ジャンルというより「仲間」で分類。特殊翻訳家の特殊な本棚

FBI
EYE OF EVIL
THE BODY SNATCHERS
Death of an American
THE BLOOD COVENANT
Anyone's Daughter
DEVIL'S KNOT
MARA LEVERETT
THE PHANTOM PRINCE
INTENSE DEVICE
LOBSTER BOY
INNOCENT PREY
犯罪の昭和史 1
犯罪の昭和史 2
事件・犯罪大
MURDER
THE MURDER BOOK OF DAYS
TRUE CRIME DIARY
完全犯罪
反日革命宣言
死体処理法
死刑執行
LAST TRAIN TO ALCATRAZ
JOSEF FRITZL
BLOODLETTERS AND BADMEN

Robert Aldrich?
HIGH CONCEPT
MATRIX
HEAVEN & HELL TO PLAY WITH
ハリウッド・バビロンII
NYMPHO CYCLER
Ed Wood's VENUS FLY TRAP
THE YOUNG MARRIEDS
NEKROMANTIK
MICHAEL CAINE
REPO MAN
MACARONI WESTERN BIBLE
GRACE KELLY'S MEN
BEHIND THE MASK OF INNOCENCE
MY LIFE WITH CHAPLIN
THE BIG LOVE
RED PLANET MARS
TIMECODE
FLESH & BLOOD
13 GHOSTS
NAKED BLOOD
PROJECTIONS 5
CLEAR FILE
Nude on the Moon
DOUBLE AGENT 73
VHS

C.G.JUNG
赤の書
THE RED BOOK
SIN IN SOFT FOCUS
スーパーゴッズ
ガルシア・マルケス
Iain Sinclair
Iain Sinclair
Bizarre
Bizarre
TASCHEN
TASCHEN
FROM HELL COMPANION
WATCHMEN
フロム・ヘル
SHOW PIECES
ALAN MOORE
プロメテア 1
プロメテア 2
プロメテア 3
BIZARRE
Berlin Alexanderplatz
ALAN MOORE
ALAN MOORE
HARVEY PEKAR
WORMWOOD STAR
小津安二郎 東京物語
WATCHMEN
ORIGINAL SIN
DEADLY INTENT
EDWARD HOPPER
KUBRICK
MICHEL CIMENT
OSCAR MICHEAUX
EISNER
MILLER
GREEN RIVER KILLER
BLADE RUNNER 2049
Mœbius Girl
CULTURE II
SABRINA
MURDEROUS PASSIONS
FLOWERS OF PERVERSION
The George Kuchar Reader

杜琪峰
JOHNNY TO
Diplomacy
Game of International Intrigue
遊撃の美学
This is Harold
This is Maude
AIRMAIL
LETTERPOST
ユナイテッド・トラッシュ
PUNCH-DRUNK LOVE
JOHN WATERS
ウィッカーマン
MANSON
GEEK LOVE
KATHERINE DUNN
TWIN PEAKS
CHROMOSOMES
マッドハニー
ブラック・スネイク
イヴ＆バンデイラン
BEAVER TRILOGY
ken russell
日本映画戦
映画術
ディレンジド
STANLEY KUBRICK

特殊翻訳家・柳下毅一郎さんの本棚は、肩書どおり尋常ではない。リビング、ダイニング、書斎の、壁という壁に設置された本棚にはジャンルごとに本が整理されて並べられ、万を超える蔵書数にしてはびっくりするくらいきれいだが、なんといっても「ジャンルというより仲間」という分類がすごい。魔術、ミイラ、UFO、キリスト教、ヒトラー…。ナチスでまとめるから『夜と霧』と『カリガリからヒトラーへ』とケストナーが並ぶという、不謹慎極まりないことになってしまうらしい。ダイニングには事件・殺人関係の本棚が三棹。さらに自著など仕事関連本のほか、社会学、サッカー本、エロ本、学生時代の同人誌などが収まる棚があり、ところどころに宇宙人の標本が飾られている。写真集、画集、洋物コミックなど、大型本が詰まったリビングの本棚には、アラン・ムーアコーナーのほか、本の雑誌でも紹介済みの台湾の檳榔売りの写真集などにまじってレムやカルヴィーノの小説も並んでいる。リビング入口脇の左右の棚はDVDと関連書を一緒に並べた「完璧な本棚」で、たとえば「仁義なき戦い」のDVDがあれば笠原和夫の本があるという次第。便利で探しやすいが、本棚のスペースが無限に必要なため、そろそろパンクしかけている。いつでも買える本は逐次処分しているそうで、厳選された本が並ぶ特殊な本棚なのである。

柳下毅一郎（やなしたきいちろう　特殊翻訳家）　2020年7月号

反逆の麻雀
反逆の麻雀
反逆の麻雀
女狼雀師
麻雀放浪記
麻雀放浪記

V林田

七〇年代黎明期からゲーム機の景品まで、十年かけて収集した麻雀漫画が並ぶ！

明治はいから文明史
横田順彌
謎のゲーム魔境
美食倶楽部バカゲー専科外伝
ゾルゲ市蔵
謎のゲーム魔境2
謎のゲーム魔境3
謎のゲーム魔境4
～ロストゲームズ DECO&ビック東海編～
消滅した国々
第二次世界大戦以降崩壊した183カ国
吉田一郎
社会評論社
儚い羊たちの祝宴
米澤穂信
新潮社
追想五断章
米澤穂信
集英社
満願
米澤穂信
米澤ワールドの新たな最高峰!
新潮社
いまさら翼といわれても
〈古典部〉最新作!
米澤穂信
奄美、もっと知りたい
増補版
神谷裕司著
南方新社
おかでのわが家
（改訂版）
長尾桃郎編著
海文堂
CINDERELLA GIRLS After20
I
II
IV
V
VI
Cygames
男爵にふさわしい銀河旅行
01
速水螺旋人
間道
見世物とテキヤの領域
坂入尚文
芸大中退、見世物小屋、農業と遍歴し香具師（テキヤ）となった著者の半生
新宿書房
建築する動物たち
マイク・ハンセル
スウィングしなけりゃ意味がない
It Don't Mean A Thing If It Ain't Got That Swing
佐藤亜紀
ナチス政権下ドイツでジャズに熱狂した"不良少年たち"の、魂を震わせる物語。
角川書店
雲の上から見た明治
ニッポン飛行機秘録
横田順彌
学陽書房
息吹
テッド・チャン
大森望 訳
知性の極限を追求した、世界最高水準の作品集
早川書房
マーブル・アーチの風
コニー・ウィリス
早川書房
明治の夢工房
横田順彌
近代日本奇想小説史
入門篇
横田順彌
古書ワンダーランド
1
横田順彌
古書ワンダーランド
2
横田順彌
押川春浪回想譚
横田順彌
まぼろし綺譚
今日泊亜蘭
グローバライズ
木下古栗
河出書房新社
香具師口上集
室町京之介
創拓社
山の彼方の棲息者たち
加藤博二
森林官が語る山の不思議
加藤博二
河出書房新社
百年前の二十世紀
明治・大正の未来予測
横田順彌
筑摩書房

天道
世紀末博徒伝サガ
熱いぜ辺ちゃん
雀鬼誕生
蒼き雀狼
雀鬼伝説
麻雀群狼記ゴロ
ハッカー HACKER
トリアーデ
明大漫研OB作品集
指ぐれ
ばっくれ
雀鬼北斗星
雀鬼三四郎
雀ごろ地獄
麻雀戦争
麻雀仕掛人
喧嘩麻雀
地獄の雀狼
ゴキブリ雀鬼
雀鬼無頼
雀鬼無宿
麻雀三四郎
俺は雀鬼
はぐれ雀童
勝負星
地獄麻雀
必殺女雀鬼
麻雀仕事人
麻雀怨み節
血しぶき牌
麻雀剣鬼
牝雀刑事
麻雀刑事
雀ごろ
東大プロ雀士
暴走雀鬼
雀狼無宿
麻雀風雲録
風雪の雀狼
情炎雀鬼
好色雀鬼
新宿雀鬼
帝王少年
剣師
TATTOO
風の三日月
カキヌマの時代
平成ヘタ殺し
麻雀無宿

修羅ホタル 2 ほんまりう
トッパー
トッパー
実録 牌の音
超感性の日々!! 牌の音 安田潤司 中村報士
九蓮宝燈殺人事件 青山広美
トーキョーゲーム 1 青山広美
トーキョーゲーム 2 青山広美
バード
バード R 2
さだめだ!! 1 片山まさゆき
さだめだ!! 2 片山まさゆき
さだめだ!! 3 片山まさゆき
さだめだ!! 4 片山まさゆき
風牌に訊け 吉田幸彦・作 1
風牌に訊け 吉田幸彦・作 2
風牌に訊け 吉田幸彦・作 3
風牌に訊け 吉田幸彦・作 4
風牌に訊け 吉田幸彦・作 5
風牌に訊け 吉田幸彦・作 6
幻に賭けろ 1 嶺岸信明 土井泰昭
幻に賭けろ 2 嶺岸信明 土井泰昭
幻に賭けろ 3 嶺岸信明 土井泰昭
幻に賭けろ 4 嶺岸信明 土井泰昭
てっぺん 卓上の獣道 1 嶺岸信明 来賀友志
てっぺん 卓上の獣道 2 嶺岸信明 来賀友志
てっぺん 卓上の獣道 3 嶺岸信明 来賀友志
てっぺん 卓上の獣道 4 嶺岸信明 来賀友志
てっぺん 卓上の獣道 5 嶺岸信明 来賀友志
麻雀放浪記 凌ぎの哲 2 阿佐田哲也 原恵一郎
麻雀放浪記 凌ぎの哲 3 阿佐田哲也 原恵一郎
麻雀放浪記 凌ぎの哲 4 阿佐田哲也 原恵一郎
麻雀放浪記 凌ぎの哲 5 阿佐田哲也 原恵一郎
麻雀放浪記 凌ぎの哲 6 阿佐田哲也 原恵一郎
麻雀放浪記 凌ぎの哲 7 阿佐田哲也 原恵一郎
バクチ麻雀地獄旅! 下 原恵一郎 500円
バクチ麻雀地獄旅! 上 原恵一郎 500円
麻雀バクチ列車! 上 原恵一郎 500円
麻雀バクチ列車! 下 原恵一郎 500円
漫画スーパーワイド すべてを麻雀に賭けた天才!! メジャー 上 南波捲 伊賀和洋 500円
漫画スーパーワイド すべてを麻雀に賭けた天才!! メジャー 下 南波捲 伊賀和洋 500円
ナイトストーン 危険な漂動者 1 神江里見 来賀友志
ナイトストーン 危険な漂動者 2 神江里見 来賀友志
麻雀蜃気楼 来賀友志 甲良幹二郎
麻雀蜃気楼 第2巻 甲良幹二郎
麻雀蜃気楼 第3巻 来賀友志 甲良幹二郎
ノーマーク爆牌党 1
ノーマーク爆牌党 2 片山まさゆき
ノーマーク爆牌党 3 片山まさゆき
ノーマーク爆牌党 4 片山まさゆき
ノーマーク爆牌党 5 片山まさゆき
ノーマーク爆牌党 6 片山まさゆき
ノーマーク爆牌党 7 片山まさゆき
ノーマーク爆牌党 8 片山まさゆき
ノーマーク爆牌党 9 片山まさゆき
麻雀必勝法 2 宮川総一郎
哭きの竜 麻雀飛翔伝 1 能條純一
哭きの竜 麻雀飛翔伝 2 能條純一
哭きの竜 麻雀飛翔伝 3 能條純一
哭きの竜 麻雀飛翔伝 4 能條純一
哭きの竜 麻雀飛翔伝 5 能條純一
哭きの竜 麻雀飛翔伝 6 能條純一
哭きの竜 麻雀飛翔伝 7 能條純一
哭きの竜 麻雀飛翔伝 8 能條純一
哭きの竜 麻雀飛翔伝 9 能條純一
熱いぜ辺ちゃん 1 福本伸行
麻雀激闘録 3/4 よんぶんのさん 1 ほんまりう
麻雀激闘録 3/4 よんぶんのさん 2 ほんまりう
麻雀激闘録 3/4 よんぶんのさん 3 ほんまりう
麻雀激闘録 3/4 よんぶんのさん 4 ほんまりう
はっぽうやぶれ 麻雀遊撃伝 1 かわぐちかいじ
はっぽうやぶれ 麻雀遊撃伝 2 かわぐちかいじ
はっぽうやぶれ 麻雀遊撃伝 3 かわぐちかいじ
はっぽうやぶれ 麻雀遊撃伝 4 かわぐちかいじ
はっぽうやぶれ 麻雀遊撃伝 5 かわぐちかいじ
はっぽうやぶれ 麻雀遊撃伝 6 かわぐちかいじ
麻雀プロ 雀界の光と影 1 かわぐちかいじ
麻雀プロ 雀界の光と影 2 かわぐちかいじ
麻雀プロ 雀界の光と影 3 かわぐちかいじ
麻雀プロ 雀界の光と影 4 かわぐちかいじ
あぶれもん 博徒たちのバラード 1 嶺岸信明 来賀友志
あぶれもん 博徒たちのバラード 2 嶺岸信明 来賀友志
あぶれもん 博徒たちのバラード 3 嶺岸信明 来賀友志
あぶれもん 博徒たちのバラード 4 嶺岸信明 来賀友志
あぶれもん 博徒たちのバラード 5 嶺岸信明 来賀友志
勝負師の条件 1 嶺岸信明 山根泰昭
勝負師の条件 第1巻 嶺岸信明
勝負師の条件 第2巻 嶺岸信明
勝負師の条件 第3巻 嶺岸信明
天呆銭 2 神田たけ志
天呆銭 3 神田たけ志
サスペンス劇画 蒼い狙撃者 平野仁
大江戸かわら版 荒木一郎 向後つぐお
地獄の馬券師 かどのゆたか
魔女モンロー 水木しげる
ガチャマン社員 花登筺 立花誠太郎
雀鬼四天王 阪東太郎 麻生竜也
麻雀地獄変 宮本ひかる 習志野浩
雀鬼狼 梶川良 和平俊秀
雀鬼狼 梶川良 和平俊秀
さすらいの雀マン 高山潤 平松修
皆殺しの雀マン 高山潤 平松修
麻雀人生劇場 高山潤 郷力也
雀狂ブルース 梶川良 篠原アキ
阪東太郎 中野善雄
少林寺雀法 綾小路綾子 すずき弘光
やわ肌雀士 志村裕次 森義一
雀四郎勝負控 橘新一 たがわ晴之
サラリーマン雀鬼 小島武夫 北山茂樹
いれずみ雀鬼 北山茂樹
雀鬼牌地獄 習志野浩 北山茂樹
さすらい雀鬼 山田克郎 北山茂樹
麻雀番外地 北山茂樹
麻雀血風録 北山茂樹
麻雀三流士 古森譲一 北山茂樹
刑事の雀士 北山茂樹
王将厳流島 村岡秀一 北山茂樹
賭け将棋番勝負 村岡秀一 北山茂樹
雀鬼裏街道 北山茂樹
雀鬼一番勝負 小島武夫 北山茂樹

ライターのV林田さんは鉄道マニアであると同時に、実は麻雀漫画研究の大家である。草創期から現在まで五十年にわたる麻雀漫画の歴史を研究、執筆し続けているのだ。そんなわけで、ワンルームロフト付きの自宅兼仕事場は麻雀漫画でいっぱい。一階六畳部分に九十センチ幅の本棚二棹と大小のカラーボックス十六個を組み合わせて部屋中に設置しているが、並んでいる本の五分の三は麻雀漫画！　麻雀漫画黎明期の七〇年代に桃園書房が出していた書下ろしメインの桃園コミックスから、コンビニコミックにSF麻雀漫画、ゲーム機の景品として作られた非売品の脱衣麻雀アンソロジーまで、十年かけて収集した麻雀漫画が並んでいるのである。片山まさゆき『スーパーヅガン』、かわぐちかいじ『プロ』など、異版があるものはもちろん異版も揃っているし、単行本化されていない作品が掲載された麻雀漫画誌はダンボール箱に詰められ、棚の上に山と積まれている。引っ越しで部屋のダウンサイジングをしたため、図書館にありそうな本は思い切って処分したとのことで、漫画以外は鉄道、民家関係、文章を書くきっかけになった横田順彌『日本SFこてん古典』を始めとするSF等に限定。まさに厳選された本が整然と並ぶ引っ越ししたての壮観な本棚なのである。

V林田（ぶいはやしだ　ライター）２０２１年10月号

印刷に恋して
デザインの
デザインの
TYPEWRITERS

津田淳子

七列七段の本棚で「印刷・紙・加工に首ったけ」を体現する

SÜTISDOBOZ
ANNOTATED DICTIONARY
聖地巡礼
野菜大全
日本印刷大観
作家の仕事場
Atelier de Créateur
たまもの
デザインのひきだし 34

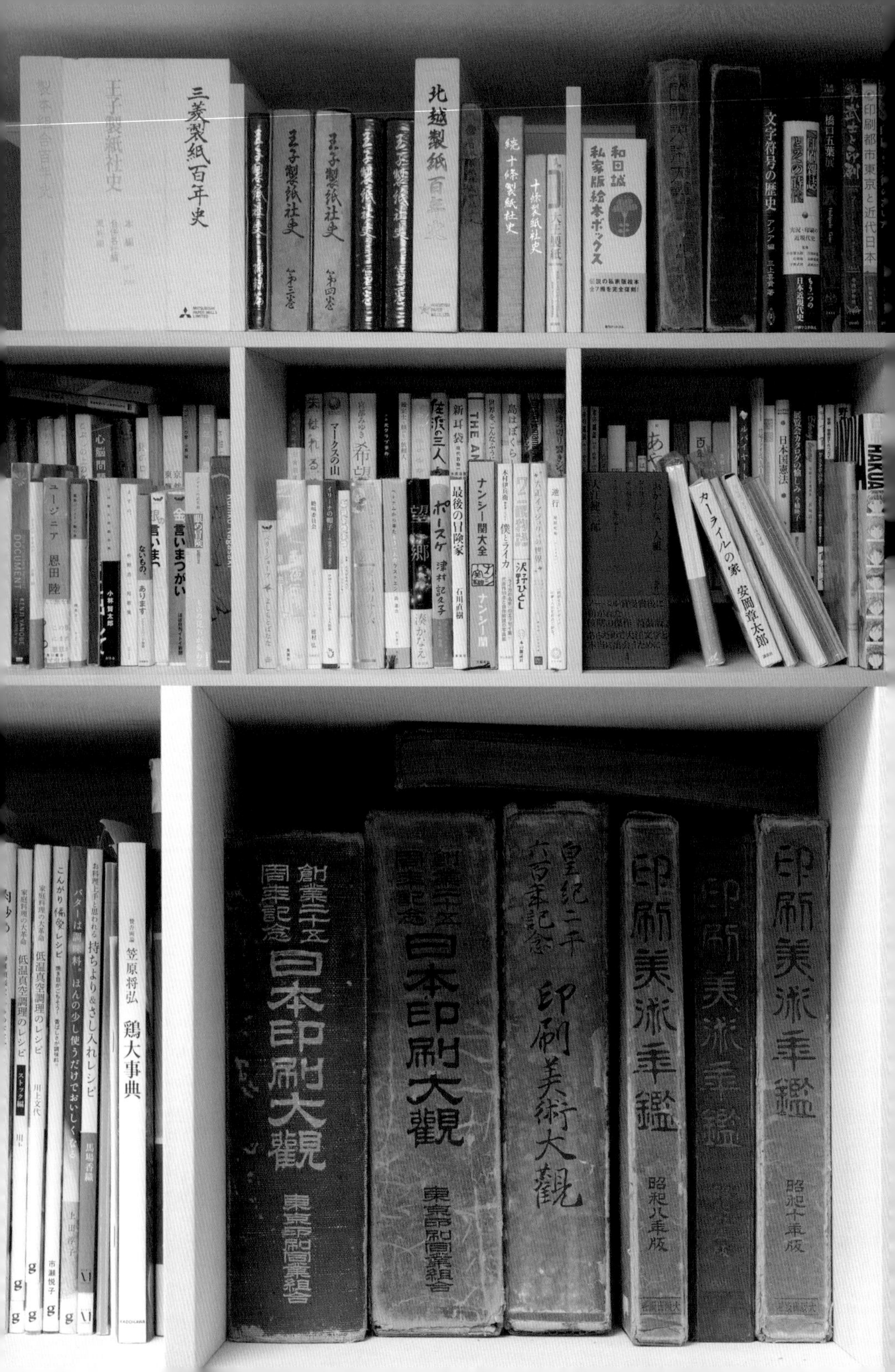

王子製紙社史
三菱製紙百年史
王子製紙社史 第三巻
王子製紙社史 第四巻
北越製紙百年史
続 十條製紙社史
十條製紙社史
和田誠 私家版絵本ボックス
文字符号の歴史 アジア編
橋口五葉展
印刷都市東京と近代日本
マークスの山
ポースケ 津村記久子
望郷 湊かなえ
最後の冒険家 石川直樹
ナンシー関大全
僕とライカ
沢野ひとし
大正イマジュリィの世界
日本国憲法
カーライルの家 安岡章太郎
低温真空調理のレシピ
鶏大事典 笠原将弘
創業二十五周年記念 日本印刷大觀 東京印刷同業組合
日本印刷大觀 東京印刷同業組合
皇紀二千六百年記念 印刷美術大觀
印刷美術年鑑 昭和八年版
印刷美術年鑑
印刷美術年鑑 昭和十年版

グラフィック社で「デザインのひきだし」という「印刷・紙・加工に首ったけ」の雑誌を編集している津田淳子さんの本棚は、まさに「印刷・紙・加工に首ったけ」の体現だ。昨年秋に自宅をリフォームした際、二階の仕事部屋の壁一面にセミオーダーの本棚を設置。収容量に合わせ、ダンボール四十箱分ほどを処分し、現在の生活に必要な本だけを残したそうで、七列×七段の棚に並ぶのは「読み返す用」と「ブックデザインが気になる本」。製紙会社の社史から印刷製本機械の百年史、昔の印刷見本帳に日本酒のラベル名鑑、中国の剪紙集に武井武雄の刊本、楳図かずお『漂流教室』完全版のような小口に印刷されている本、集英社ギャラリー「世界の文学」のような天に印刷されている本、本文組が斜めになっていたり、カバーが折り込まれていたりする本、ビスケット型や電話型、分厚い木製の椅子の本、モーニング娘。の巻物写真集、そして書物展望社の社主にして書痴と呼ばれた斎藤昌三の、竹の皮や杉の皮、ミノムシの巣や海苔や番傘で表紙ができている本等、変わった造本のコレクションがずらりと並んでいるのである。ちなみに「読み返す用」は沖縄・離島関係本のほか、小学校から大人にかけ百回以上読み返した『続あしながおじさん』、ベストオブ漫画の『東京のカサノバ』など。首ったけの本だけが並ぶ厳選された本棚なのである。

津田淳子（つだじゅんこ　「デザインのひきだし」2020年5月号

五木寛之
しんらん
親鸞
激動篇
遊行の門

岩郷重力

揃える癖がつく!? オリジナルカバーが並ぶ白い本棚

おれの中の殺人者
透明少年
夕陽の少年
イチゴ島SOS
死神がゆっくりやってくる
天国深夜局
狼人対地球人
冷凍人間アイスマン
ショッカー 夢見る機械
悪霊先生
一九八五年、異次元への旅
幽霊宅急便
四次元階段
ブラック・クリスマス
アシスタント魔女
標的は悪魔
砂丘が動くように
あの夕陽 牧歌館
台風の眼
天窓のあるガレージ
七 錯乱の論理 二つの世界
近代の超克
絶対の精神史
人よ、寛かなれ
反骨
流浪

光瀬龍 百億の昼と千億の夜
見知らぬ明日
首都消失 上
首都消失 下
ゴルディアスの結び目
虚無回廊 I
虚無回廊 II
虚無回廊 III
地球への遠い道
MARS TRILOGY 1
MARS TRILOGY 2
MARS TRILOGY 3

メインテーマ 1
メインテーマ 2
メインテーマ 3
僕のオートバイ、彼女の島 2
微笑の育てかた
私は彼の私
タイプライターの追憶
バラッド30曲で一冊
夢は彼女の香い
個人的な雑誌 1
すこしだけ白、すこしだけ黒
個人的な雑誌 2
少年の行動
恋愛小説
結婚しよう
花のある静かな日
恋愛小説 2
アール・グレイから始まる日
離婚しました
夏から秋にかけての短編
私はいつも私
ノートブックに誘惑された
花なら紅く
恋愛小説 3
結婚のヒント
最終の列車
私はいつも私
日本語の外へ
文庫本を出そうに
少女時代
ミッチェル

人狼戦線
狼の紋章
狼の怨歌
狼のレクイエム 第一部
狼のレクイエム 第二部
人狼白書
人狼天使 第1部
若き狼の肖像
人狼天使 第2部
デスハンター 1
デスハンター 2
デスハンター 3
デスハンター 4
死霊狩り
死霊狩り
死霊狩り
ウルフガイ 1

Ed McBain COP HATER
Ed McBain THE MUGGER
Ed McBain THE PUSHER
Ed McBain THE CON MAN
Ed McBain KILLER'S CHOICE
Ed McBain KILLER'S PAYOFF
Ed McBain LADY KILLER
Ed McBain KILLER'S WEDGE
Ed McBain 'TIL DEATH
Ed McBain KING'S RANSOM
Ed McBain GIVE THE BOYS A GREAT BIG HAND
Ed McBain THE HECKLER
Ed McBain SEE THEM DIE
Ed McBain LADY, LADY, I DID IT!
Ed McBain THE EMPTY HOURS
Ed McBain LIKE LOVE
Ed McBain TEN PLUS ONE
Ed McBain AX
Ed McBain HE WHO HESITATES
Ed McBain DOLL
Ed McBain EIGHTY MILLION EYES
Ed McBain FUZZ
Ed McBain SHOTGUN
Ed McBain JIGSAW
Ed McBain HAIL, HAIL, THE GANG'S ALL HERE!
Ed McBain LET'S HEAR IT FOR THE DEAF MAN
Ed McBain HAIL TO THE CHIEF
Ed McBain BREAD
Ed McBain BLOOD RELATIVES
Ed McBain SO LONG AS YOU BOTH SHALL LIVE
Ed McBain LONG TIME NO SEE
Ed McBain CALYPSO

青春の門
人生劇場
百億の昼と千億の夜
喪われた都市の記録
たそがれに還る
宇宙年代記全集
派遣軍帰る
宇宙航路
あいつらの悲歌
オーロラの消えぬ間に
吹雪の虹
多聞寺討伐
宮本武蔵
歴史をそぞろ歩き
SOSタイム・パトロール
あばよ・明日の由紀
ロン先生の虫眼鏡
ぼくはプレスリーが大好き
スターダスト・ハイウェイ
ロンサム・カウボーイ
スローなブギにしてくれ
マーマレードの朝
彼のオートバイ、彼女の島
ボビーに首ったけ
コーヒーもう一杯
町からはじめて、旅へ
友よ、また逢おう
最終夜行寝台
吹いていく風のバラッド
ターザンが教えてくれた
Ten Years After
美人物語
一日じゅう空を見ていた
湾岸道路
缶ビールのロマンス
彼女が風に吹かれた場合
ふたり景色
アンドロメダ・ストーリーズ
帝都物語
新帝都物語
荒俣宏

人生の奇跡
J・G・バラード自伝
さよなら小松左京
赤瀬川原平
類語新辞典
日本史B
世界史B
詳説日本史
詳説世界史
松本清張地図帖
THE ISLAND OF DR. MOREAU
THE TIME MACHINE
THE INVISIBLE MAN
THE WAR OF THE WORLDS
BABEL 1
BABEL 2
BABEL 3
BABEL 4
BABEL 5
BABEL 6
BABEL 7
千の目先生
石森章太郎
METAMORPHOSE
ひらがな日本美術史
作詞家
アリスの国の殺人
辻真先
古語辞典
新明解
国語辞典
アメリカ俗語辞典
研究社
ビートルズ
クイーン
CLEAR BOOK
VERMEER
ALPHONSE MUCHA
Andrew Wyeth
ワイエス
生頼範義 II
生頼範義 III
TRANSIT
組版原論
人生劇場
日本侠客伝
あすなろ物語
幻に終わった傑作映画たち
ヴィジュアルコミュニケーション
AD FLASH MONTHLY
宇宙の生命探査
小惑星探査機 はやぶさ 大図鑑

開高健全集
中上健次全集
永遠の道は曲りくねる 宮内勝典
金色の虎 宮内勝典
海亀通信 宮内勝典
ニカラグア密航計画 宮内勝典
ぼくらの知慧の果てるまで
on the borber
中上健次 異族
貴種と転生・中上健次 四方田犬彦
週刊本 中上健次
THE COMPLETE PEANUTS
SHINTAKARAJIMA
生頼範義 拾遺集
新ワイルドフ
NORIYOSHI OHRAI
生頼範義
松本清張事典 決定版
子どもの昭和史 手塚治
五木寛之 時代を駆け抜ける作
上村一夫
少年画報大全
TERMINATOR
黄金の血脈
警官殺し
密室
殺し屋ですのよ 星新一
あの素晴しい曲をもう一度 フォーク
1979年の歌謡曲 スージー鈴木
みみずく頭巾 関谷ひさし
翔けろ天馬 1 関谷ひさし
ジャジャ馬くん 関谷ひさし
池田憲章
宇宙はジョークでいっぱい
プリズナー
北方謙三の『水滸伝』ノート
戦前・戦争
1971年の悪霊 堀井憲一郎
サブカル勃興史 中川右介
ドキュメント 日本の放浪芸 小沢昭一が訪ねた道の芸・街の芸

装丁した本が文庫だけで千九百冊超！という岩郷重力さんは自身の装丁本をはじめ、五千冊ほどの本を事務所に収めているが、壁に設置されたスチール製の大きな二棹の本棚に並んでいる本は、なんとほとんどが「白い本」！　パソコンとコピー機を駆使して自作したオリジナルカバーをカバーの上にかけて並べているのである。WOND ER WORKZ。の本棚では西村寿行も菊地秀行も光瀬龍も片岡義男もすべて背は「白」。片岡義男は「赤」のイメージが刷り込まれている人間には驚きの世界といえるだろう。出版社によって作家ごとの背の色が決まっているため部屋の色彩が勝手に決まってしまうのがイヤで始めたというが、元のカバーが蛍光灯で焼けるのも避けられるし、白くすると打ち合わせにくる編集者もすごいね、というだけで背を読まないので、何を並べているか意外に気づかれないのが利点らしい。しかも順番がわかりやすいように巻数表示のないシリーズは表示を入れたり、短編集の収録作品を背に入れたり、翻訳書は原題をメインにしたり、本職のデザイナーならではの細かい工夫があちこちにほどこされているのである。ぱっと見たときにちゃんと並んでいないとわかりにくいので、揃える癖がつくという白い本棚。本が整理できない人は真似してみるのもいい、かもしれない。

岩郷重力（いわごうじゅうりょく　グラフィックデザイナー・WONDER WORKZ。）　2021年9月号

鈴木宏宗

図書館、文献学、目録学、書誌学、出版、古本。本の部屋は「本」の本でいっぱい

異名・ニックネーム辞典
八木佐吉著
TIISAI SEKAI REKISI

図書館人物事典
図書館用語辞典
出版人物事典
近代出版研究
出版文化人物事典
日本書誌の書誌
日本の図書館の歩み 1993-2017
近代日本図書館の歩み 本篇
近代日本図書館の歩み 地方篇
帝国図書館年報
全国図書館職員録
LIBRARIANSHIP
草字彙
くずし字用例辞典
出版事典
昭和戦後期の日本
昭和戦前期の日本
明治官制辞典
世界の図書館
EPHEMERA
世界の図書館百科
図書館学事典
図書館学
明治のことば辞典
本の小事典
三省堂書店百年史
東京国立博物館百年史
東京国立博物館百年史 資料編
全国貸本新聞

THE LIBRARIAN SPIES
IDEOLOGY AND LIBRARIES
A BRIEF HISTORY OF THE BODLEIAN LIBRARY
THE MEANING OF THE LIBRARY
Librarians and the Book Trade
LIBRARIES AND LIBRARIANSHIP IN CHINA
TOSHIO EGAWA COLLECTION
戦国の図書館
図書館の日本史
人物でたどる日本の図書館の歴史
図書館人物伝
現代日本の図書館構想
昭和・平成オカルト研究読本
明治出版史話
秘本を求めて
明治本(?)
知の広場
社会と図書館
紙つぶて
本と本
宗教と国会議員
史料保存と文書館学
史料館・文書館学への道
日本語の正書法
国字ローマ字化の研究
わかりやすい日本語
戦後文相生活ノート
坪内祐三
古本屋ツアー・イン・京阪神
古本屋ツアー・イン・首都圏沿線
漂流する書物
書物の日米関係
手塚治虫
人生曼陀羅図
昭和の古本屋を生きる
全国貧本新聞
1952–2002
1946–1949

国会図書館に勤める鈴木宏宗さんは自宅一階の八畳ほどの洋間を書斎兼書庫として使用。かつては応接間だった部屋で、お父さんがオーディオセットを置いたり写真の現像機を置いたりしていたそうだが、二〇〇七年にお父さんが亡くなり、〇九年にお母さんも亡くなってからは息子が独占。現像機のあった物入れスペースに棚を組み込むところから徐々に本棚を増やし、二階の自室から本を下ろしたり新たに購入したりして、現在のような本の部屋へと変貌させたのである。学生時代は日本の近代史を専攻し博覧会に関する文献を古本屋で求めていたが、就職してからは図書館の歴史に興味が移行。図書館史から図書館学、雑誌の図書館特集号に図書館が廃棄した本（蔵書印が蒐集の対象なのだ）まで、図書館関連の本を新刊書店、古本屋で買い集めるようになった。五千冊を超える蔵書は図書館、文献学、目録学、書誌学、出版、古本関連など九割以上が「本」に関する本で、ほかは落語や伝記など、趣味の本がちらほら散見する程度。中高生時代に買った星新一や筒井康隆らの文庫も一部残してあるらしい。雑誌や冊子など薄いものはシューズケースに入れて保管。本の山もジャンルで分類されている。物置にダンボールに入った本があって数年間見なかった本は処分する。まさに図書館のように整理されていく書庫なのである。

鈴木宏宗（すずきひろむね　国会図書館職員）２０２３年６月号

川村康文

科学書から人生の指南書まで、なにが出てくるかわからない、ジャンクな本棚

理科教育学会
会員情報管理システム
会員ページ）
情報更新のお願い
天声人語
5月22日
朝日新聞

理科年表
メンタルモデル
記憶と知能
世界地図帳
物理学入門
統計的学習入門
電磁気学
KENIS
総合科学機器

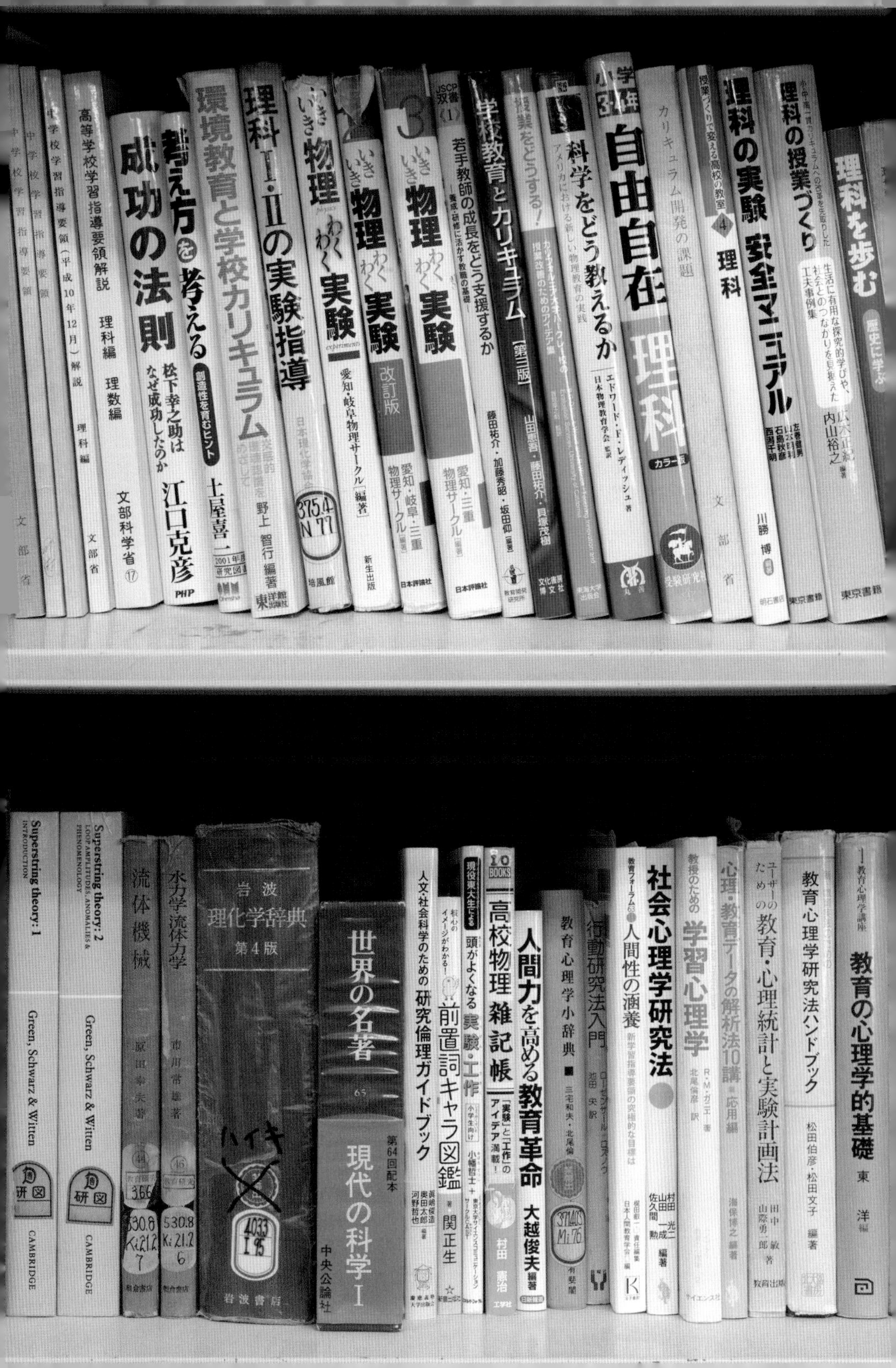

中学校学習指導要領 文部省
中学校学習指導要領
中学校学習指導要領（平成10年12月）解説 理科編 文部省
高等学校学習指導要領解説 理科編 理数編 文部科学省 ⑰
成功の法則 松下幸之助はなぜ成功したのか 江口克彦 PHP
考え方を考える 創造性を育むヒント 土屋喜一
環境教育と学校カリキュラム 野上智行 編著 東洋館出版社
理科I・IIの実験指導
いきいき物理わくわく実験 愛知・岐阜物理サークル［編著］ 新生出版
いきいき物理わくわく実験 改訂版 愛知・岐阜・三重物理サークル
いきいき物理わくわく実験 3 愛知・三重物理サークル 日本評論社
JSCP双書〈1〉 若手教師の成長をどう支援するか 藤田祐介・加藤秀昭・坂田仰［編著］
学校教育とカリキュラム［第三版］ 文化書房博文社
授業をどうする！
科学をどう教えるか エドワード・F・レディッシュ 著 丸善
小学3・4年 自由自在 理科 受験研究社
カリキュラム開発の課題 文部省
授業づくりで変える高校の教室 4 理科
理科の実験 安全マニュアル 東京書籍
理科の授業づくり 東京書籍
理科を歩む 歴史に学ぶ
Superstring theory: 1 INTRODUCTION Green, Schwarz & Witten CAMBRIDGE
Superstring theory: 2 LOOP AMPLITUDES, ANOMALIES & PHENOMENOLOGY Green, Schwarz & Witten CAMBRIDGE
流体機械
水力学・流体力学
岩波 理化学辞典 第4版 岩波書店
世界の名著 65 現代の科学I 中央公論社
人文・社会科学のための研究倫理ガイドブック
前置詞キャラ図鑑 関正生
頭がよくなる実験・工作
高校物理雑記帳 村田憲治
人間力を高める教育革命 大越俊夫
教育心理学小辞典 有斐閣
行動研究法入門
人間性の涵養
社会心理学研究法
学習心理学 R・M・ガニエ 著
心理・教育データの解析法10講 応用編
ユーザーのための教育・心理統計と実験計画法
教育心理学研究法ハンドブック 松田伯彦・松田文子 編著
教育の心理学的基礎

門田先生の3Dプリンタ入門
門田和雄
講談社
物理の世界
講談社現代新書
新しい物理学
だれでもわかる最新・素粒子の世界
京極一樹
卒論・卒研
多様化する大学教育の中で
東海大学学生生活研究所 編
東海大学出版会
理科年表 2020
令和2年
第93冊
国立天文台 編
科学知識のデータブック
丸善
理科年表 2021
令和3年
第94冊
国立天文台 編
科学知識のデータブック
丸善
公害防止
自由自在
中学 自由
+GAINER
マイクロスケール実験
環境にやさしい理科実験
Complete PHYSICS
化学 6 有機導電性ポリマー
Newton
新版 元素ビジュアル図鑑
工作でわかるモノのしくみ
実験でわかる科学のなぜ？
STEM
Make: PROJECTS
よみがえれ理科教育
英語で学ぶ
科学の教室
おもいの？かるいの？
物理の絵本
図解雑学 タイムマシン
福江 純
図解雑学 宇宙論
いちご白書
ガイアの復讐
ジェームズ・ラブロック
電磁気学
まんが アトム博士の相対性理論
英文法
ATOM
この世界は、

東京理科大学理学部第一部物理学科川村康文教授は自然エネルギーの研究を専門とするエネルギー科学博士で、研究室には人力発電用の自転車や風力発電などの実験装置が所狭しと置かれている。そんな研究室の一画に設置された百六十センチ幅の大きなスチールの本棚には教育心理、AI、ディープラーニング、統計、量子力学などの本がぎっしり。学生の参考資料として教授が用意した本で、大槻ケンヂ『サブカルで食う』は、筋肉少女帯からのオーケンファンの教授が、これくらいは知っておけと意図的に並べたらしい。一方、高床式の畳（実験装置が収められている）敷きになっている教授室にはスチールのラックが壁に巡らされていて、自身の論文のほか、『自分で作る太陽光発電』『物理が楽しくなる！キャラ図鑑』など多数の著書、『自由自在理科』「サイエンスコナン」シリーズなど多数の監修書、『世界は物理でできている』などの監訳書がずらりと並ぶが、『沈黙の春』や『粋なまち神楽坂の遺伝子』など、それらしい本にまじって『フレンズ』や『いちご白書』等の青春小説、カーネギーの『人を動かす』や太田薫『ケンカのやり方』等の自己啓発系の本が散見されるから面白い。科学書から人生の指南書までジャンクな本棚と自らが呼ぶとおり、なにが出てくるかわからない、おもちゃ箱のような本棚なのである。

川村康文（かわむらやすふみ　東京理科大学理学部第一部物理学科教授）

2022年5月号

織作千秋・夏子

高さ何センチの本が何メートルありますか？

BEHIND THE LINES-HANOI
AMERICA IN VIETNAM
Guerrilla Diplomacy
Robert K. Brigham
Anatomy of Error
Schlesinger THE BITTER HERITAGE
HOLY WAR
THE VIETNAM LOBBY
Mustang
The Rise and Fall of an American Army
Dien Bien Phu
OSS The Secret History Of America's First Central Intelligence Agency
ONE DAY IN A LONG WAR
WAITING FOR AN ARMY TO DIE Fred A. Wilcox
THE ROAD HOME JIM HARRISON
GIAP Peter Macdonald
General Giap
UPTON AND THE MILITARY POLICY OF THE UNITED STATES
The Vietnam Veteran
BLOODS Wallace Terry
VIETNAM VOICES
SURPRISE ATTACK
PEACE WITH HONOR?
The U.S. Government and the Vietnam War
VIETNAM MEDAL OF HONOR HEROES
HOME BEFORE MORNING
Philip Caputo A RUMOR OF WAR
Truong Nhu Tang A VIETCONG MEMOIR
ベトナムの戦後開発
ONCE A WARRIOR KING DAVID DONOVAN
THE DYNAMICS OF DEFEAT
VIETNAM WAR AND AMERICAN CULTURE
ANATOMY OF A WAR KOLKO
An International History of the Vietnam War
MANY REASONS WHY Charlton & Moncrieff
VIETNAM
Decision Making during International Crises
SENATORIAL PRIVILEGE
The Quicksand War: Prelude to Vietnam LUCIEN BODARD
HISTORY OF VIETNAMESE COMMUNISM
ZALIN GRANT FACING THE PHOENIX
Women and Revolution in Viet Nam Arlene Eisen
Norman Mailer Why Are We In Vietnam?

Senator Jacob K. Javits
WHO MAKES WAR
Arthur M. Schlesinger, Jr.
THE CYCLES OF AMERICAN HISTORY
THE RESTRUCTURING OF AMERICAN RELIGION
FULBRIGHT
THE PRICE OF EMPIRE
The Fall of South Vietnam
Elliott
The Third Indochina Conflict
FULBRIGHT
The Lessons of Vietnam
A BRIGHT SHINING LIE
John Paul Vann and America in Vietnam
NEIL SHEEHAN
STREET WITHOUT JOY
Deterrence in American Foreign Policy:
Theory and Practice
Nolting
FROM TRUST TO TRAGEDY
WEIGLEY
THE AMERICAN WAY OF WAR
HOME FROM THE WAR
Robert Jay Lifton
WE WERE SOLDIERS ONCE...AND YOUNG
LT. GEN. HAROLD G. MOORE
and JOSEPH L. GALLOWAY
ReWriting AMERICA
U.S. Army Uniforms of the Vietnam War
VIETNAM WAR ALMANAC
Colonel Harry G. Summers, Jr.
RED THUNDER, TROPIC LIGHTNING
The World of a Combat Division in Vietnam
BEHIND THE LINES
AMERICA IN VIETNAM
OXFORD
Guerrilla Diplomacy
Robert K. Brigham
Anatomy of Error
Henry Brandon
Schlesinger
THE BITTER HERITAGE
James A. Thomas
HOLY WAR
ARLINGTON HOUSE
THE VIETNAM LOBBY
Averill
Mustang
Presidio
Stanton
The Rise and Fall of an American Army
PRESIDIO
SIMPSON
Dien Bien Phu
BRASSEY'S
SMITH
OSS
The Secret History of America's First Central Intelligence Agency
The Price of WAR
Nigel Thrift
Dean Forbes
ONE DAY IN A LONG WAR
JEFFREY ETHELL and ALFRED PRICE
Random House
WAITING FOR AN ARMY TO DIE
Fred A. Wilcox
VINTAGE
THE ROAD HOME
JIM HARRISON
Atlantic Monthly Press
GIAP
Peter Macdonald
NORTON
General Giap
POLITICIAN & STRATEGIST
PRAEGER
UPTON
THE MILITARY POLICY OF THE UNITED STATES
The Vietnam Veteran
BLOODS
Wallace Terry
RANDOM HOUSE
HOME BEFORE MORNING
Van Devanter
Vietnam Under Communism 1975-1982
Philip Caputo
A RUMOR OF WAR
Holt Rinehart Winston
Truong Nhu Tang
A VIETCONG MEMOIR
HBJ
Harcourt Brace Jovanovich
ベトナムの戦後開発
時事通信社
ONCE A WARRIOR KING
DAVID DONOVAN
McGraw-Hill
THE DYNAMICS OF DEFEAT
Westview
VIETNAM WAR AND AMERICAN CULTURE
ANATOMY OF A WAR
KOLKO
PANTHEON
An International History of the Vietnam War
Rosemary Taylor
ORPHANS OF WAR
MANY REASONS WHY
Charlton & Moncrieff
Scolar
CHARLES PARKER IV
VIETNAM
PARAGON HOUSE
Decision-Making during International Crises
M
SENATORIAL PRIVILEGE
REGNERY GATEWAY
The Quickest War: Prelude to Vietnam
LUCIEN BODARD

THE COLLECTED PLAYS OF NEIL SIMON VOLUME 1
THE COLLECTED PLAYS OF NEIL SIMON VOLUME 2
COLLECTED PLAYS OF NEIL SIMON VOLUME 3
The Collected Plays of Neil Simon Volume IV
THE SHAKESPEARE BOOK DK
SHAKESPEARE'S POETICS
SHAKESPEARE THE INVENTION OF THE HUMAN HAROLD BLOOM
no author better served THE CORRESPONDENCE OF SAMUEL BECKETT AND ALAN SCHNEIDER
Kott
Theory of Drama
Complete Works
STRASBERG AT THE ACTORS STUDIO ROBERT H. HETHMON
SHAKESPEARE LEXICON AND QUOTATION DICTIONARY Volume I A-M Dover
SHAKESPEARE LEXICON AND QUOTATION DICTIONARY Volume II N-Z Dover
A SHAKESPEARE GLOSSARY OXFORD
Lee Strasberg Cindy Adams
HITCHCOCK'S NOTEBOOKS Dan Auiler
The Entertainment Machine
SWANSON ON SWANSON
THREE FILMS OF WOODY ALLEN
Casablanca HOWARD KOCH
Callie Khouri
SHAKESPEARE THE INVENTION OF THE HUMAN HAROLD BLOOM
Auden Lectures on Shakespeare
DOUBLE INDEMNITY
FOUR ROOMS
magnolia
THE PEOPLE VS. LARRY FLYNT THE SHOOTING SCRIPT
THE THIRD MAN Graham Greene
THE BIRDCAGE THE SHOOTING SCRIPT
REBEL MALES Graham McCann
The Art of Alfred Hitchcock Spoto
MASKED MEN Indiana
Monaco HOW TO READ A FILM
Narrative, Apparatus, Ideology A Film Theory Reader
THE JEW IN AMERICAN CINEMA Indiana Erens
GRAMMAR OF THE FILM LANGUAGE
JOHN WAYNE: AMERICAN RANDY ROBERTS AND JAMES S. OLSON FREE PRESS
IDEOLOGY and the IMAGE BILL NICHOLS
HOW MOVIES WORK Kawin
VINCENT LOBRUTTO STANLEY KUBRICK
Lennig Stroheim KENTUCKY
Creating a role Stanislavski
An actor prepares Stanislavski
Building a character Stanislavski
My Life in Art STANISLAVSKI ROUTLEDGE THEATRE ARTS
The Theatre of the Absurd Martin Esslin
THE CLASSIC NOH THEATRE OF JAPAN
Gilbert and Sullivan The Savoy Operas
THE LIGHTS WENT OUT
THE INTELLECTUAL
室町人の精神 日本の歴史12 桜井英治
JOHN WAYNE'S AMERICA GARRY WILLS
ORSON WELLES CHARLES HIGHAM
ARTHUR MILLER
American Beauty
A Streetcar Named Desire
NOTES & COUNTER NOTES EUGENE IONESCO
Mary Harron and Daniel Minahan
KING HENRY IV
OTHELLO
KING LEAR
ANTONY AND CLEOPATRA
MACBETH
AS YOU LIKE IT
HAMLET
THE MERRY WIVES OF WINDSOR
LOVE'S LABOUR'S LOST
Thinking Shakespeare
Shakespeare our Contemporary
William Shakespeare
SAMUEL BECKETT The Complete Dramatic Works
紙屋町さくらホテル 井上ひさし
樋口一葉 井上ひさし
Screenplay Syd Field
HANNAH ROTHSCHILD
Breakfast with Lucian
Botany
How to Read a Poem
SYLVIA PLATH THE COLLECTED
THE SENSE OF BEAUTY
A Writer
小山富士夫著作集
小山富士夫著作集
小山富士夫著作集
SETON
EFFECTIVE BUS

元翻訳職人の織作千秋さんと夏子さん夫婦は二〇〇〇年に自宅を新築した際、建築家に本が多いと相談したところ「高さ何センチの本が何メートルありますか」と聞かれ、判型別に回答した。その結果、完成したのは奥行五・四六メートル、幅二・七三メートルの書庫で、八十センチ幅の本棚が十四棹造り付けられていた。夫妻はさらに愛用のスライド式書棚二棹をそのために空けられた壁面に設置し、共有スペースとして使用。新築時に相当量を整理したが、次第に棚からあふれてきたため、三年前に日本の小説を中心にダンボール三十箱ほどを処分。現在は五千冊強の本が並んでいるが、その八割は洋書で、それもヴェトナム戦争、キューバ、ソ連、中国、ナチス、JFK、キッシンジャーなど現代史関連の本が一方の列の十棹を占めている。もう一方の列にはシェイクスピアやニール・サイモンなどが並んだ演劇、ヒッチコック等が並ぶ映画、ビートジェネレーション、ジャズ・ロックなど、欧米の文化に関する本がテーマ別に並び、作家別アルファベット順で並んだ小説類は棚五段くらい。日本の本も落語、南極などテーマごとに分類されているが、スライド式も含め、前後二重に置かれた本がほとんどないので、並んでいる本は一目瞭然。色とりどりの背を眺めているだけで気分は洋書店、のうらやましい書庫なのである。

織作千秋・夏子（おりさくちあき・なつこ　元翻訳職人とその妻）

2022年2月号

荒川佳洋

手製の見出し板で一目瞭然、著者別五十音順に並ぶ文庫棚

室生犀星集
葉山嘉樹集
憂鬱なる党派
高橋和巳
悲の器
高橋和巳作品集
中国文学論
川端康成集
林房雄
島木健作
吉本隆明全著作集
舟木一夫
集団就職
集団就職とは何であったか
青年の主張
東京満蒙開拓団
労働者！
オキナワの少年
金の卵 転職流浪記
遠い「山びこ」
キューポラのある街
山猫の
長谷川四郎の最後の仕事集
昭和 13 東京オリンピック・新幹線
昭和 11 技術革新の展開
菊田一夫
下戸の夜
芸能人と文学賞
直木賞物語
芥川賞物語
消えた受賞作
中戸川吉二作品集
日本児童文学
長谷川時雨
女人芸術の世界
断髪のモダンガール
尾崎翠全集
古川ロッパ昭和日記 戦前篇
激動の中を行く
悼詞 鶴見俊輔
北海道児童文学全集
北の大地の無法松
星の広場
『少女の友』とその時代
北の詩
知床半島
この花の影
花と風の季節
特急あじあ号の哀歓
富島健夫書誌
直木賞決定発表
清張 闘う作家
白いアメリカよ聞け
雪女
想い出の少女雑誌物語
竹中労
立松和平自選短編集
藤井淑禎

昭和萬葉集
桐山襲
I
全作品
桐山襲
II
全作品
石田比呂志全歌集
つげ義春集
上海の蛍
快楽
武田泰淳全集
魯迅文集
竹内好訳
評論
十七歳の歌
純愛時代
婚約時代
初恋の海
少年の欲望
女の部屋
青春の野望
全集 樋口一葉
諏訪湖マジック
安房広島 水の都の殺人
笛吹川殺人事件
十津川警部 長良川心中
松本美ヶ原殺意の旅
富島健夫
故郷の蝶
七つの部屋
容疑者たち
離雄の光景
恋愛百景
にんげん牧場
雪の中の信子
夜の青葉
生命の山河
青春の門
女の部屋
富島健夫作品集
また会う日に
初恋宣言
明日は青春
おさな妻
黒い河
同級生
ひめごころ
現代の小説1999
新潮社編
悪友共和国
十三歳の実験
オール讀物
直木賞発表
文藝年鑑
平成十一年版

『「ジュニア」と「官能」の巨匠　富島健夫伝』の著者である文芸評論家の荒川佳洋さんは自宅一階のダイニングキッチンと和室、さらに廊下と階段に大小十四棹の本棚を置いている。ダイニングテーブルを囲むように設置された本棚には日本プロレタリア文学全集、昭和戦争文学全集等の全集類のほか、高橋和巳、武田泰淳、北原武夫などの個人全集、作品集、そして大江健三郎、遠藤周作、開高健などの著作が並んでいる。和室には現代中国、学生運動などテーマ別に整理された棚、海外文学の棚、そして評伝をものした富島健夫の棚があり、富島健夫の本はもちろん全作が揃う。掲載誌も階段棚に並ぶ小説ジュニア等のほか、遺族から譲られた本人所有の切り抜きをダンボール二箱分保存。さらに未発表の小説原稿を二千枚以上所持していて、富島健夫未発表小説集としてこれまでに三冊上梓しているのだ。しかし、和室の本棚で富島棚以上に驚くのは壁一面に並んだ文庫棚。なんと著者別五十音順に並んでいるのだ！　しかも手製の見出し板を挟んでいるので、どこになにがあるかが一目瞭然。松本清張が棚三段分あるとか宮部みゆきは新潮文庫が多いとかいったことまで立ちどころにわかるのである。ダイニングは夜になると近くの文芸研究家たちが集う地元文壇バーになるそうで、バーの客たちにも探しやすい便利な本棚なのである。

荒川佳洋（あらかわよしひろ　文芸評論）2020年9月号

第3章

桜梅桃李篇

高山羽根子
林雄司、べつやくれい
大森皓太
島田潤一郎
福島浩一
田村雄次
染田屋茂
山本直樹
柳瀬徹

高山羽根子

分類の基準は「野球であるかないか」

ALL-STAR JUMP!
HUNDERTWASSER
SABRINA
フロム・ヘル

行くぞ大洋
伝説のプロ野球選手に会いに行く
プロ野球の友
シューレス・ジョー
素晴らしいアメリカ野球
最後の球
南海ホークスがあったころ
カンバセイション・ピース
プロ野球データブック(改)
TAROT of Baseball
オリンピックと商業主義
小川勝
プロ野球復興史
野球の街ニューヨーク
ドラフト最下位
村瀬秀信
止めたバットでツーベース
522勝の記憶
それでも気がつけばチェーン店ばかりでメシを食べている
村瀬秀信
ハマの裏番もつ鍋屋になる
中野渡進
居心地の悪い部屋
野球
虎に食われた男
藤本義一
決定版 小説阪神タイガース
守備の極意
チャド・ハーバック
いつの空にも星が出ていた
佐藤多佳子
重松清
赤ヘル1975
ホーム・ラン
北村薫
野球太郎
プロ野球解説者を解説する
広尾晃
2020プロ野球プレイヤーズファイル
ベースボロジー5
2004
カドカワ
総力特集
筒香嘉智
プロ野球12球団パーフェクト名鑑2019
プロ野球よ!
とみさわ昭仁
大リーグカードの世界
現代詩手帖
monkey business
小説すばる
7
2014
ベースボールサミット
第2回
混セでSHOWTIME
ササキ様に願いを
みずしな孝之
巨人ファンはどこへ行ったのか?
菊地高弘
おしゃれ野球批評
メディアスポーツ解体
森田浩之
大リーグなしでは生きられない!
レイモンド・マンゴー
二百回のフィールド・オブ・ドリームス
永谷脩の仕事
いつも、気づけば神宮に
長谷川晶一
虹色球団
長谷川晶一
最弱球団
長谷川晶一
オレたちのプロ野球ニュース
長谷川晶一
心の伸びしろ
石井琢朗
ベースボール労働移民
八百長リーグ
山際康之
野球戯評
どうしたって、プロ野球は面白い
草野進
ベースボール創世記
佐伯泰樹
野球裏はなし

突変
森岡浩之
ハイドゥナン1
ハイドゥナン2
ハイドゥナン3
ハイドゥナン4
藤崎慎吾
電撃文庫
ガガガ文庫
河出文庫

ALL★STAR JUMP!
ALL★STAR GAME
FILMOLOGY
SF
SCI-FI CHRONICLE

カラマーゾフの妹
日本奇想小説史
SISYPHEAN
文字渦
狂書伝
星新一の世界
三体
青い脂
図書館大戦争
息吹
ライト

ファウスト
本格力
ミステリ・オペラ
山田正紀
沈底魚
あげくの果て
神保町の怪人
柴野拓美SF評論集
SFの時代
伊藤計劃記録
JUST IN SF
自殺

芥川賞作家・高山羽根子さんは自宅一階の仕事部屋と廊下に大小様々なタイプの本棚を設置。廊下には天井つっぱり書棚カシマカスタムと鏡扉付きの文庫棚、飾り棚のような三連引き出し式の文庫棚を置き、カシマカスタムにはSFの単行本と叢書、SFのアンソロジー文庫を、鏡扉付きにはミステリーとホラーの文庫、引き出し式にはそれ以外の文庫を作家ごとに並べている。六畳弱の仕事部屋にもカシマカスタム、ブリタニカ百科事典を収納する頑丈な黒のカラーボックスなどのほか、引き戸を外した押し入れにも手製のキャスター付き可動式本棚を設置、天袋には自著が整理されている。仕事部屋の本棚は海外文学、SF、映画、美術など、ジャンル別に分類されているが、分類の第一基準は「野球であるかないか」。野球であればSFだろうが映画だろうが、野球本コーナーに優先して並べられるのである。野球本はカシマカスタム五段分のほか、大判は画集などと一緒に判型でまとめられ、『燃えよ火の玉　熊谷組野球部史』『日本の野球発達史』などマニアックな本がずらり。引っ越しして二か月ということもあり、いまだ未整理の状態というが、カシマカスタムを始め、どの本棚も薄型で前後二列にならないのがポイント。すべての本の背が見える探しやすく整理しやすい本棚なのである。

高山羽根子（たかやまはねこ　作家）2021年11月号

起源図鑑
ヤマトタケル
世界拷問史
新大久保
僕といっしょ
古谷実
エリア51
BABYMETAL
香港

林雄司、べつやくれい
細かいことは気にしない！　グラデ崩しの宝箱

初見健一
岩波文庫
新潮文庫
集英社文庫
サンマーク文庫
ちくま文庫
角川ホラー文庫
中国遊園地大図鑑
北部編
関上武司
地図化すると世の中が見えてくる
伊藤智章
ベレ出版
図書室
岸政彦
三島賞候補作
自伝エッセイ併録
新潮社
家紋帳
大森伃佑子
菊地敦己
PIE BOOKS
クイズ文化の社会学
石田佐恵子
小川博司
編
世界思想社
無駄なことを続けるために
ほどほどに暮らせる稼ぎ
麻里菜
ヨシモトブックス
学生時代にやらなくてもいい20のこと
朝井リョウ
文藝春秋
マンガホニャララロワイヤル
ブルボン小林
文藝春秋
川の地図辞典
江戸・東京
23区編
補訂版
菅原健二［著］
之潮
Collegio
野良猫を尊敬した日
穂村弘
講談社
プロ無職入門
～高木壮太の活ける言葉
P-Vine BOOKS
いろんな気持ちが
待望の初エッセイ集
筑摩書房
じゃあ君が好き
ヨシタケシンスケ
SCIENCE
岩波科学ライブラリー
237
ハトはなぜ首を振って歩くのか
藤田祐樹
岩波書店
ゼロからトースターを作ってみた
村井理子
まんがでわかる
ウラジーミル・ウラジーミロヴィチ・プー
「ファミマ入店音」の正式なタイトルは「大
気持ちのいい聖地《関西編》
誰も教えてくれないカイシャ
好奇心ブック
45
ホームレス大博覧会
世界のエリートは大事にしないが、普通の人にはそこそこ役立つ
ビジネス書
たのしい路線図
路線図をただ眺めて「いいね
登校途中の出会い頭の偶然キスはあり
谷底ライオン
中川い
日本おみくじ紀
音を大きくする本
ミラ・クル・1
宙ポコ
リリアン
岸政彦
風刺漫画で日本近代がわかる本

その問題、デジタル地図が解決します
はじめてのGIS
中島円 著
ロジカルに伝える技術
大庭コテイさち子
NTT出版
必ず書ける あなうめ読書感想文
監修=筑波大学附属小学校教諭 青木伸生
学研
フジモトマサルの仕事
NHK 100分de名著
ブルデュー ディスタンクシオン
岸政彦
テレワークの達人がやっているゆかいな働き方
林雄司
超図解 最強に面白い!! 周期表
NEWTON PRESS
現代思想 7
いまなぜプラグマティズムか
青土社
定本 何かが空を飛んでいる
稲生平太郎
国書刊行会
蚊がいる
穂村弘
一番ヨクキク随筆集
ニッポン 脱力神さま図鑑
宮田珠己
球界のぶっちゃけ話
愛甲猛
個性派「貨車」のディープな世界
はじめてのチョークアート
CHALKART LESSON
栗田貴子 著
MPC
調査されるという迷惑 フィールドに出る前に読んでおく本
宮本常一 安渓遊地
みずのわ出版
すごいエスカレーター
田村美葉
'21-'22 地球の歩き方
W01 世界244の国と地域
江戸時代のお触れ
藤井譲治
山川出版社
別役実の「贋作天地創造」
その日、神さまは…
愉快な大人の童話
朝日新聞社
ギャル医者あやっぺ
アマゾンの倉庫で絶望し、ウーバーの車で発狂した
潜入・最低賃金労働の現場
ジェームズ・ブラッドワース
濱野大道 訳
光文社
地形と歴史で読み解く 鉄道と街道の深い関係
東京周辺
内田宗治
実業之日本社
〈武家の王〉足利氏
戦国大名と足利的秩序
谷口雄太
大田区古墳ガイドブック 多摩川に眠れる古代のロマン
豹マン 上
桑田次郎
取材・執筆・推敲
書く人の教科書
古賀史健
ダイヤモンド社
東京の生活史
一五〇人が語り、一五〇人が聞いた東京の人生
岸政彦 編
筑摩書房
史料で解き明かす日本
松本一夫
クリハラタカシ
地図で読む松本清張
帝国書院
ビジネスマンのためのドーピング・ガイド
terre et îles
地理女子が教える ご当地グルメの地理学
長谷川直子 尾形希莉子
縄文土偶ガイドブック
縄文土偶の世界
三上徹也
新泉社
田山暦・盛岡暦を読む
工藤紘一 著

海ヘビ全書
スウェディッシュ・デスメタル
スラッシュ・メタルの誕生
モトリー・クルー自伝
魔獣の鋼鉄黙示録
ブラック・メタルの血塗られた歴史
チャンネルはそのまま！
佐々木倫子
いいひざいち
ゴムテ
中川いさみ
ぼくはゆっくりおばかになっている
カラダ十
はきだ道
ニューはまり道
吉田戦車
カタツムリ・ナメクジの愛し方
ひとみしり道
しろねこくん
クマのプー太郎
大人袋
中川いさみ
じみへん
中崎タツヤ
毛がない男
地獄絵
身から出た錆
HEAVY TRIP
アフリカのことわざ
ちひろ
安田弘之
モルフォ人体デッサン
本の雑誌
喰うか喰われるか
パパと踊ろう
地下沢中也
押し入れ
おじゃまんが山田くん
がんばれ!!タブチくん!!
ふうらい姉妹
山賊ダイアリー
岡本健太郎
ちひろさん
聖☆おにいさん
中村光
世界の文字とことば
ツタンカーメン王
古代エジプト文字入門
キクタン
妖怪百物語
世界の妖怪大百科
原発ホワイトアウト
シルクロードの謎の民
ドクター・オジーに訊け!
人体カタログ
都市の鑑賞法
バンコク
インドネシア
上海
香港
台湾
内なる町から来た話
ショーン・タン

林雄司、べつやくれい夫妻は自宅リビング兼仕事場の壁一面に、上半分が三重、下半分が二重のスライド式本棚二棹とオープンの本棚一棹を設置。既製品だが、高さ幅ともぴたりとはまって、まるで造りつけの本棚のようだ。本棚は林はこっち、べつやくはこっちと、なんとなくグラデーションになっているが、互いに読み終った本を空いているところに戻すので、それぞれの本がグラデ崩しの場所にぽつぽつとあるらしい。もっとも別役実の本があちこちにあったり『イモムシハンドブック』のような自然科学系のハンドブック・シリーズがここにあったりあそこにあったりするので、二人とも細かいことは気にしないようだ。毎月十冊までデータ化してくれるサービスに契約し、検索して読み返すような文字だけの本は電子化しているそうで、松尾スズキや渋谷直角、宮田珠己ら、何度読んでもだらだら面白い（笑）コラム本と大判の写真集や図鑑類、歴史・地理を中心とした社会系、『ルイルイ仕切り術』『世界のしゃがみ方』などのサブカル系の本、『プロ野球選手写真名鑑』のような趣味の本で本棚の大半が埋まっている。『東京古道散歩』の横が『図解 牢獄・脱獄』だったり、『ルンペン学入門』の隣に『なんらかの事情』が並んでいたり、何が飛び出すか油断のならない、宝箱的本棚なのである。

林雄司（はやしゆうじ　デイリーポータルZ編集長）
べつやくれい（イラストレーター、絵本作家）２０２１年12月号

大森皓太

珈琲を淹れて本を読む。ブックカフェ独り占め状態のリビング

日本近代随筆選

ドガ ダンス デッサン
カラー版
眼の神殿 北澤憲昭
ちくま学芸文庫
TAKASHINA Shūji Japanese Art in Perspective East-West Encounters
ドストエフスキーとの旅 亀山郁夫
奈倉有里
夕暮れに夜明けの歌を 文学を探しにロシアに行く
イースト・プレス
夕暮れの草の冠
骸骨
百年のメランコリー
国書刊行会
ヨーゼフ・ロート ウクライナ・ロシア紀行
京都国立近代美術館のコレクションでたどる 岸田劉生のあゆみ
新潮社
ケアとは何か 村上靖彦 著
「他者を支えること」に関わるすべての人へ
中公新書
ケアの倫理とエンパワメント 小川公代
講談社
精霊に捕まって倒れる
医療者とモン族の患者、二つの文化の衝突
アン・ファディマン
共生への願い、拡げ続ける書
みすず書房
魂の形について
多田智満子
生と死のあわい
古人の霊魂観に込められた真実を見つめる、詩人の代表的エッセイ
ちくま学芸文庫
凧
ロマン・ガリ
映像化記念出版
雨の島
呉明益
及川茜 訳
掃除婦のための手引き書
ルシア・ベルリン
自身の人生に根ざして紡ぎ出された奇跡の文学
フライデー・ブラック
ナナ・クワメ・アジェイ＝ブレニヤー 著
駒草出版
奥のほそ道
THE NARROW ROAD TO THE DEEP NORTH
リチャード・フラナガン
ブッカー賞受賞作品
白水社
ケルト人の夢
マリオ・バルガス＝リョサ
野谷文昭 訳
いつもの物語 決して終わらない物語
岩波書店
TRIBUTE COFFEE
Las Golondrinas

バルザック
10:04
断絶
悲しみを聴く石
西欧の東
ここにいる
歩道橋の魔術師
神は死んだ
青い野を歩く
オートバイ
死を忘れるな
黄泥街
おちび
夢見る人
嘔吐
蝶を飼う男
洪水
モモ
アウステルリッツ
アカシアは花咲く
あまりにも騒がしい孤独
赤い十字
アルタイの片隅で
冬牧場
遅咲きの男
丁庄の夢
複眼人
台湾海峡一九四九
カステラ
82年生まれ、キム・ジヨン
ここはとても速い川
楽天の日々
伊藤野枝の手紙
素白先生の散歩
池内式文学館
外国文学の愉しみ
宮沢賢治デクノボーの叡知
文学の弁明
目覚めたまま見る夢
世界文学アンソロジー
沼野充義 世界文学論
チェーホフ
音楽の肖像
科学する詩人ゲーテ
プルーストへの扉
日本近代小説史
日本近代文学を読む
ことばのみがきかた
文学のレッスン
名作をいじる
小説の技巧
反 近代文学史
小説の方法
古典基礎語辞典

この世にて
日和聡子
小川洋子
古井由吉
私のエッセイズム
2666
ロベルト・ボラーニョ
フランス組曲
最大の奇跡
百年の孤独
近世俳句俳文集
小学館
Well-Versed Exploring Modern Japanese Haiku
江戸後期の詩人たち
時間
終わりと始まり
ウィリアム・モリスの遺したもの
ビジュアルデザイン論
ベンチの足
佐藤雅彦
現代日本のブックデザイン史 1996-2020
漱石とその時代
江藤淳
ガラン版 千一夜物語
僕たちはどう生きるか
森田真生
現代手芸考

騎士団長殺し
村上春樹
haruki
HARUKI MURAKAMI
40th
新潮文庫
色の辞典
石の辞典
草の辞典
花の辞典
ぐっどいぶにんぐ 吉田篤弘
なにごともなく、晴天。 吉田篤弘
流星シネマ 吉田篤弘
京都で考えた 吉田篤弘
屋根裏のチェリー 吉田篤弘
おるもすと 吉田篤弘
奇妙な星のおかしな街で 吉田篤弘
ものの考え方
それを、真の名で呼ぶならば レベッカ・ソルニット
迷うことについて レベッカ・ソルニット
「哲学」と「てつがく」のあいだ 鷲田清一
リベラルな学びの声 オークショット
ハンナ・アーレント 生と思想の肖像 ジュリア・クリステヴァ
なぜアーレントが重要なのか
思索日記 I 1950-1953 ハンナ・アーレント
活動的生 ハンナ・アーレント
『人間の条件』ドイツ語版新訳
みすず書房

本と珈琲と暮らす人、大森皓太さんは二十六歳。京都で過ごした学生時代にブックカフェにはまり、二年前、就職と同時に引っ越した自宅リビングをブックカフェふうに仕立てることにした。入口を入ってすぐ左手はブックカフェのカウンターをイメージした珈琲コーナー。本を読む前にミルで挽いて珈琲を淹れないとスイッチが入らないのである。本によってカップを変えたり豆を変えたりするので、豆は四種類を常備。カウンター下にはカップのコレクションとともに『アウシュヴィッツのコーヒー』『珈琲とエクレアと詩人』『珈琲屋』等、珈琲関連書が並んでいる。部屋の奥にはオーダーメイドの机兼本棚があり、青土社やみすず書房、平凡社のスタンダードブックスなど落ち着いた背の本が並んでいる。三角状の本棚もオーダーメイドで、自分に意識させるために四番クラスの本を揃えている。出版関係、労働論、岡本洋平装丁の本など、ジャンル、テーマで分類している棚もあるが、シリーズ別、出版社別に並べている棚も多く、きわめつけは壁面の新書・文庫の棚。岩波新書から光文社古典新訳、河出、ちくま、講談社文芸と整然と並ぶ様はセレクトショップのようだ。本を読む際は机に向かうか対面のソファでリラックス。四千冊弱の本に囲まれて本と珈琲を愉しむ、ブックカフェ独り占め状態の本棚なのである。

大森皓太（おおもりこうた　本と珈琲と暮らす人）2022年4月号

島田潤一郎

カーテンは閉めっぱなしで日々調整が続くテトリス本棚

あなたに似た人
小津安二郎
東京物語
亀倉雄策のデザイン
会田誠
MAKOTO AIDA
村山槐多全画集
原弘

少年詩集
映画をめぐる冒険
村上春樹
川本三郎
先生が本なんだね
新人監督日記
和田誠
ガラスのプロペラ
土俵際
トリュフォーの手紙
和田夏十の本
谷川俊太郎 編
メイキング・オブ・快盗ルビイ
聞いたり聞かれたり
にっぽんほら話
夜の草を踏む
草のなかの線路
冬の電車
安西水丸
空を見る
装丁雑記
沖縄島建築
ロックンロール・ストーブリーグ 1979-1989
ほんの数行
市川準
ことばたち
高畑勲
物語 北井一夫
ジェイムズ・ジョイス事典
大きなケストナーの本
小林信彦
少年王者
普通の人
アフリカを知る事典
続・マンガ家入門
石森章太郎
お楽しみはこれからだ
汽車旅行
オートバイ少女
鈴木翁二
ボブ・ディラン&ザ・バンド
和田誠 シネマ画集
絵本と私
阿房列車
内田百閒
新稿 沖縄の歴史
比嘉春潮
尾形亀之助全集
小山清全集
村山槐多全集
耕治人自選作品集
現代政治の思想と行動
小沼丹作品集
石敢當

TOKYO STYLE
原節子のすべて
亀倉雄策のデザイン
小津安二郎
東京物語
戦後50年
Menschlich
VELÁZQUEZ

ぼくのしょうらいのゆめ
土佐弁の基礎知識
あやとりの記 石牟礼道子
福田和也 作家の値うち
地図の本 30 全国旅行
遠い日の歌
福島
北海道
大好きな本 川上弘美
現代英文法
なるほど!
平野謙 文藝時評
カンガルー日和 村上春樹
カフカ、映画に行く
読書の魅惑
近代日本の百冊を選ぶ
世界史
新日本史
フィールド・オブ・イノセンス 川本三郎
絵の話
ベラスケス
世界文学の歴史 阿部知二
絵本作家のアトリエ
国宝
写真が語る子どもの100年
現代殺人事件史
太平洋戦争
土佐ことば辞典 吉川義一
みんなの空想地図
安西水丸
武井武雄
大伴昌司 大図解 画報
団地2DKの暮らし
全国文学館ガイド
羽生善治のこども将棋
日本仏像史
西洋美術史
Small Faces スモール・フェイセス
からだのしくみ事典
ボールピープル 近藤篤
欧州クラブサッカー究極読本
わんわん村のおはなし
三つ子のこぶた
点子ちゃんとアントン
スケートをはいた馬
明夫と良二 庄野潤三
からたちの花がさいたよ
カラスだんなのおよめとり
ものいうなべ
色川武大の御家庭映画館
すてきな贈物
サザエさんとりもの
わかめちゃんとおまわりさん
岡崎京子 戦場のガールズ・ライフ
芥川賞・直木賞150回全記録
気象・天気のしくみがわかる事典
ベスト・テン
カセットテープ時代
CD名盤ガイド
ロック・オルタナティヴ
ばあきおのすべて
セザンヌ
木村伊兵衛の眼
育児の百科 松田道雄 岩波書店
おてんき

夏葉社代表・島田潤一郎さんは自宅リビングと書庫に大小四棹の本棚を置いている。リビングの本棚はガラス戸のついた四段の小振りな木製で、最上段には『マラマッド短編集』から『太陽の塔』まで白背の新潮文庫がずらりと並ぶ。二段目は四六判、三段目はA5判、四段目には『ちばあきおのすべて』「こけし時代」などB5判の本や雑誌が並んでいる。一見バラバラだが眺めていると、なんだか夏葉社っぽい気がしてくるから不思議だ。書庫にはガラス戸つきの重厚なアンティークの本棚のほか、文庫専用と大判専用の本棚があるが、収められているのはどれも日焼けさせたくない本。書庫のカーテンは常に閉めっぱなしで、いちばん好きな本は下から二段目の陽が当たらない位置に並べられている。家には仕事を持ち込まない主義で自宅にあるのは趣味で読む本だが、なにを隠そう、書庫の本は床積みも含め八割は読んでいない！　基本的に読んだ本はかなりの確率で処分しているが、個人経営の書店に営業に行った際は本を買うようにしているので、未読の本がどんどん増えるのだ。現在五歳の息子が中学に入学した折りには書庫を明け渡す予定だが、未読の本は処分できない性質だから、さらに加速して読んでいかなければならない。とりあえず処分できそうな本から読んでは棚に収まるよう、日々調整しているテトリス本棚なのである。

島田潤一郎（しまだじゅんいちろう　夏葉社代表）２０２０年10月号

福島浩一

家族の歴史がここにある

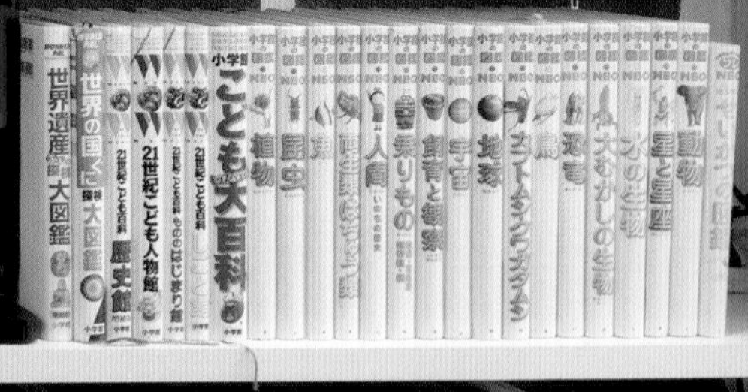

JAZZ遺言状
ロング・グッドバイ
ドイツ
Paris
France
Germany
Austria
Normandy
おしゃべりなたまごやき
ネコのタクシー

はじめてのおつかい
ぐりとぐらとくるりくら
くれよんのくろくん
なかやみわ
童心社
くろくんとふしぎなともだち
なかやみわ
童心社
だいくとおにろく
しんせつなともだち
くまとやまねこ
みんなびっくり
長新太
こぐま社
くまのコールテンくん
フリーマンの絵本
きいろいのはちょうちょ
五味太郎 しかけ絵本1
偕成社
しずくのぼうけん
福音館書店
あなはほるもの おっこちるとこ
福音館書店
はだかの王さま
ちいさいひこうき
レンスキー
きいろいばけつ
もりやまみやこ
つちだよしはる
ちいさいきかんしゃ
レンスキー
福音館書店
ぐりとぐらのかいすいよく
ゆきのひ
キーツの絵本
偕成社
国旗のえほん
ぐりとぐらのうたうた12つき
福音館書店
とべ!ちいさいプロペラき
はりねずみのピックル
文・山崎陽子 絵・いもとようこ
女子パウロ会
どろぼうがっこう
かこさとし おはなしのほん
偕成社
おまたせクッキー
おふろだいすき
福音館書店
さかなってなにさ
こどものくに傑作絵本
金の星社
そらまめくんとめだかのこ
そらまめくんのベッド
しょうぼうじどうしゃじぷた
注文の多い料理店
宮沢賢治 作 島田睦子 絵
日本の童話名作選
偕成社
がちょうのペチューニア
わくわくにんげん
チンチンでんしゃのはしるまち
ロジャー・デュボワザン 作
冨山房
かがくのとも傑作集
福音館書店
ワニのライルとたんじょうパーティー
B・ウェーバー さく
大日本図書
ワニのライルがやってきた
小杉佐恵子 やく
大日本図書
ワニのライルとどろぼうじけん
大日本図書
しろいゆき あかるいゆき
さく A・トレッセルト え R・デュボアザン やく えくにかおり
チムとゆうかんなせんちょうさん
アーディゾーニ
福音館書店
ラン パン パン
インドみんわ
評論社
やまなしもぎ
福音館書店
新 自然きらきら 9 かくれんぼ
偕成社
せいめいのれきし
バートン 文・え 石井桃子 やく
岩波書店
センダック
マークのずかん
かいじゅうたちのいるところ
ピーターのめがね
キーツの絵本
冨山房
ピーターのいす
キーツの絵本
おひさまパン
エリサ・クレヴェン 作・絵
江國香織 訳
金の星社
ネコのタクシー
南部和也 さく
さとうあや え
福音館書店
あめのひのえんそく
間瀬なおかた
ひさかたチャイルド
ぞうくんのさんぽ
かがくのとも傑作集
福音館書店
どきどき しぜん
かぶとむしは どこ?
絵かきさんになりたいな
トミー・デ・パオラ 作
福本友美子 訳
てぶくろがいっぱい
フローレンス・スロボドキン 文 ルイス・スロボドキン 絵
偕成社
王さまと九人のきょうだい
君島久子 訳
赤羽末吉 絵
岩波書店
くんちゃんのもりのキャンプ
バスがきた
五味太郎
ぼくはワニのクロッカス
さく ロジャー・デュボアザン
やく 今江祥智 島式子
童話館出版
ちいさなヒッポ
マーシャ・ブラウン 作・絵
りゅうの目のなみだ
浜田廣介 作
植田真 絵
もりのかくれんぼう
末吉暁子 作 林明子 絵
偕成社
ことばのあいうえお
五味太郎 作
岩崎書店
さんまいのおふだ
こどものとも傑作集
ひとまねこざる
岩波の子どもの本
山のクリスマス
岩波の子どもの本
きかんしゃやえもん
岩波の子どもの本
ろけっとこざる
岩波の子どもの本
かぜはどこへいくの
里の春、山の春
新美南吉/作 石倉欣二/絵
宮沢賢治 雪わたり
堀内誠一 画
福音館
クリスマスにはおくりもの
五味太郎
100万回生きたねこ
佐野洋子 作・絵
講談社
グリム童話
おおかみと七ひきのこやぎ
福音館書店
はらぺこあおむし
エリック=カール 作
偕成社
ぐりとぐらの1ねんかん
福音館書店
うんちしたのはだれよ!
偕成社
ぐりとぐらのえんそく
こどものとも傑作集
中国民話
ほしになったりゅうのきば
福音館書店
フィッシャー
たんじょうび
福音館書店
モンゴル民話
スーホの白い馬
福音館書店
ベスコフ
ブルーベリーもりでのプッテのぼうけん

都内在住の会社員福島浩一さんは二〇〇四年に現在の家に引っ越し、妻の朋恵さんと就学前の息子ふたりの四人での生活をスタートしたが、ドイツに赴任することになり、翌〇五年から一二年までデュッセルドルフに七年間駐在した。その間、息子たちは現地の学校に入学し、オーケストラでバイオリンを弾いたりサッカーチームでボールを蹴ったり、学校生活を楽しんでいたが、日本人学校ではないので、日本語を忘れてしまうかもしれない！　というわけで入学前からドイツから帰国するたびに銀座教文館の「子どもの本のみせナルニア国」で絵本を大人買い。船便で送り、一か月待って息子たちと絵本を読んでいたという。そうしてドイツ駐在中に購入した絵本と児童書は四百冊超。「ぐりとぐら」からはじまり、『きかんしゃやえもん』『バスがきた』など、子どもと一緒に選んできた絵本は、やがてバージニア・リー・バートンやアーサー・ランサム、宮沢賢治の絵本になり、さらに岩波少年文庫から、「ハリー・ポッター」シリーズへと変わっていった。二〇一二年に帰国した際、家のリビングの壁一面に新たに本棚を造り付け、ドイツから船便で送った絵本と児童書もずらりと並べた。本棚を見るたびに大学院生、大学生と成長した息子たちの幼少期からの記憶がよみがえる、まさに家族の歴史が詰まった本棚なのである。

福島浩一（ふくしまこういち　会社員）2023年3月号

BILL EVANS

田村雄次

ランニングドクターのアドリブな「書院」

立花隆
漢文力
すぐれた意思決定
古典落語
善太と三平
ああ！五郎
日本史有名人の臨終図鑑
困った人体
感じる科学
「気づき」の力
子育てのこころ
話術
海堂尊
ランニング革命
BORN TO RUN
ザ・勉強
話芸王
中谷彰宏

精神の科学
星の王子さま
立花隆のすべて
マーフィーの法則
トラッカー
不知火
カヌーツーリングブック
木精狩り
長良川の一日
ドン・キホーテ
飛脚走り
旅の極芝居
少年の夏
野草図鑑
支援ガイド
すごい仕事術
サバイバルボディー
BORN TO RUN
木のいのち木のこころ
フルマラソン

ガン回廊の炎
ガン回廊の朝
スーパーマインド
患者追放
風雪の紋
心と身体の医療
生き甲斐に勝る良薬なし
大人のための名曲案内
MIDI入門
青島広志
こころの名歌集
童謡・唱歌・わらべうた
ピアノの名曲・名曲
ピアノのひき方
一本指のピアニスト
日本のこころの歌
左手のコンチェルト
赤ちゃんのいる暮らし
嫌な女
高田好
ヤンキー
約束
東海道中膝栗毛
古事記
方丈記 徒然草
古今和歌集
萬葉集
源氏物語
松尾芭蕉集
栄花物語
日本書紀
井原西鶴集
近松門左衛門集
太平記
オールヒットソング
ヒットソング
ジャズ・スタンダード・バイブル

飛脚走り
そうか、こんな走りがあった
田村雄次
文学の中の風景
大竹新助
メディアパル
貧困旅行記
つげ義春
二十一世紀の高齢者福祉と医療
日本とアメリカ
改訂版
中島恒雄
SECRET GARDEN
Frances Hodgson Burnett
秘密の花園
バーネット
花へんろ風信帖
早坂暁
モリー先生との火曜日
ミッチ・アルボム
NHK出版
ジェシカが駆け抜けた七年間について
歌野晶午
四日間の奇蹟
最期のセレモニー
一条真也 編
PHP
医者よ、老人を殺すな！
和田秀樹
KKロングセラーズ
いのちの一句
がんと向き合う言葉
いのちの歳時記編集委員会
治す医者か、ごまかす医者か
絶対あきらめない患者学
医師 小澤博樹
治りませんように
べてるの家のいま
斉藤道雄
四六判宣言！
本当の病気になる前に読む病気の本
望みをかなえる脳
林成之
女の老い・男の老い
性差医学の視点から探る
田中富久子
NHKブックス 1177
日本名作5
善太と三平
坪田譲治童話集
文研出版
ああ！五郎
カラー名作
少年少女世界の文学
トム・ソーヤーの冒険
秘密の花園
9
小学館
全国カヌーツーリングガイド 2
自分で川を下ろうとする人のための完全リバーガイド
山海堂
カヌーツーリングブック
全国ツーリングゲレンデ詳細マップ付
山海堂
磯部誌
磯部誌刊行会編
眺めのいい部屋
渡辺一枝
写真・椎名誠
集英社
釧路湿原を歩く
水と草が織りなす生命の海
立松和平
四日間の奇蹟 ピアノ名曲集
宮本常一が撮った昭和の情景
下巻
ヘミングウエイを追って
空の名前
写真・文 高橋健司
光琳社出版
こころのアルバム
2003
群馬県立歴史博物館
懐かしの縁日大図鑑
ゴーシュ 編
太平洋戦跡紀行
サイパン
グアム・テニアン
西村誠
光人社
宮本常一が撮った昭和の情景
上巻
木精狩り
荒俣宏
安井仁
森を継ぐもの
FOREST HANDBOOK
貧乏だけど幸せ
コロナ・ブックス編集部 編
のんびりゆったり長距離フェリー
桂博史
とんぼの本
新潮社
司馬遼太郎が愛した「風景」
芸術新潮編集部 編
とんぼの本
新潮社
宮本常一とあるいた昭和の日本
11
関東甲信越①
農文協
長良川の日
カヤック
ウィリアム・ニーリー
山海堂
BE-PAL OUTING MOOK SPECIAL
日本の川地図101
野田知佑
小学館
アサヒカメラ1995・6増刊
椎名誠写真館
朝日新聞社

「飛脚走り」という独自の走法を提唱し同名の書籍も刊行、二〇一九年にはフルマラソン四レース、百キロマラソン四レース、その他七レースを裸足にワラジという飛脚スタイルで完走したランニングドクターこと田村雄次さんは、群馬県安中市の自宅に六畳の書院と八畳の書庫を持つ総合内科医だ。一九九五年に自宅を新築した際、「死ぬまで本の置き場所に困らないように」と六畳間の東南二面の壁に天井までの本棚を造りつけ、寝っ転がって本が読めるよう畳を敷いて掘りごたつ式の机も造りつけ「書院」と名づけたが、引越し当初から収容しきれず、雌伏九年。二〇〇四年に八畳の書庫を増築。造りつけの本棚には『善太と三平』『秘密の花園』『星の王子さま』『異邦人』『罪と罰』等、小学校から大学時代までに出会った「十大インパクト本」をはじめとする「マイ古典」のほか、医療関係、身体、ランニング、古武術、山歩き、川下り、全集類、ピアノの教則本（なんと棚一本分！）などがびっしりと並ぶが、そのときの空き状況で適当に並べているので、同じ作家の本があちこちに分散していたり、さかさまに入っていたり、けっこう乱雑。特定の本を探すのが困難なこともあるが、どこになにがあるかわからないほうがアドリブの楽しさがあるという。日々発見がある癒しの空間なのである。

田村雄次（たむらゆうじ　ランニングドクター）　2021年1月号

Henry Kissinger World
編集者の学校
中世の家族
DEON MEYER
Violet Screen
固有名詞英語発音辞典
ペンタゴン
外交
外交
英語図詳大辞典
TELEVISION
熟語大辞典
わが人生
アメリカ映画タイトル情報辞典
スポーツ英語
What Will Have Happen

染田屋茂

大小六十冊以上の辞書・事典が揃う翻訳家の仕事部屋

GIFT
BOOKS
編集者の学校
DEON MEYER
Henry Kissinger World Order
Violent Screen
固有名詞英語発音辞典
外交
外交
英語図詳大辞典
TELEVISION
類語大辞典
SHOCK OF GRAY
軍事用語辞典
CULTURAL LITERACY
わが人生
知恵蔵
2000
New Biographical Dictionary
A Catalogue
DETECTIVE IN HOLLYWOOD

カール・マルクス
アダプト思考
イラン革命防衛隊
ナチス・精神分析官
困難な選択
人生100年時代の資産管理術
WHAT HAPPENED
アインシュタイン
FEAR 恐怖の男
F-16
限界点
太平洋の試練
CLASSIC CRIMES
Murder Ink
AGATHA CHRISTIE
Sherlock Holmes and Dr. Watson

冒険小説論
北上次郎
レイモンド・チャンドラー語る
Raymond Chandler Speaking
E・S・ガードナー伝
推理小説の詩学
推理小説論のコレクション
070
山田登世子

傭兵
強襲部隊
BLACK HAWK DOWN
NYタイムズ絶賛の全米ベストセラー
軍事技術の知識
日本記者クラブ軍事技術研究会 編
テロリストの軌跡
モハメド・アタを追う
テロ実行犯の実像
『文藝春秋』とアジア太平洋戦争
アメリカの刑事手続
宇宙機メカニズム図鑑
出射忠明
続 自動車メカニズム図鑑
出射忠明
新軍事考
江畑謙介
旧約聖書を知っていますか
阿刀田高
アメリカの労働組合
階級
ポール・ファッセル
板坂元／訳
世界の救出作戦
土井寛
スペシャル・フォース
柘植久慶
フランス秘密情報機関
イギリス王妃たちの物語
石井美樹子

アフガニスタン最前線
恵谷治

グレート・ギャツビー
探偵家族／冬の事件簿
ロウソクのために一シリングを
泥棒はライ麦畑で追いかける
機械探偵クリク・ロボット
探偵学入門
泥棒は深夜に徘徊する
狼の王子
骨と沈黙
眼を開く
あなたに不利な証拠として
最後の希望
夜は終わらない
ポール・エリュアール詩集
海の聖母
谷川雁詩集
清岡卓行詩集
黒田喜夫詩集
鮎川信夫詩集
天沢退二郎詩集
長田弘詩集
大岡信詩集
高橋睦郎詩集
北川透詩集
鈴木志郎康詩集
果樹園
きみの遠い故郷へ
グッナイ、スリーピーヘッド
月を盗んだ男
駄句だくさん
聖書の絵師
すべては死にゆく
発熱
サセックスのフランケンシュタイン
息がつまりそう
余白の街
黒い美術館
狼の太陽
みだらな扉
大理石
現代イタリアの文学
世界の文学
タリバン
機長のかばん
バイオテロ!
北朝鮮生活
クルド民族
大統領のつくりかた
コクピットの男
漢字用語辞典
アメリカの法律
ロンドンの恐怖
大リーグ二階席
核を追う
検屍官
通貨戦争
SAS特殊任務
わが人生
ヒトラーが恐れた男
確率の科学史
ヴェール
これが物理学だ!
美食術
北朝鮮五十年史
世界謎のスパイ
英米女性作家
キング 死の舞踏
兵器メカニズム図鑑
小事典・機械のしくみ
アメリカキャッチフレーズ傑作選
不審死体
航空実用事典
クルド人とクルディスタン
英国鉄道物語
飛行機メカニズム図鑑
レトリックを少々
航空輸送概論
ザ・モサド
兵器最先端
国際紛争の読み方
攻撃ヘリのすべて
図解現代の航空戦
新・現代の軍艦
日本推理作家協会会員名鑑

翻訳家にして編集者でもある染田屋茂さんは自宅一階の仕事部屋に組み立て式の本棚を設置。当初は一面だけだったが、本があふれると買い足してを繰り返した結果、現在の壁全面ほぼ本棚という形に落ち着いた。ポケミスとミステリマガジンなどミステリー類は一度、整理したことがあるそうで、現在並んでいるのは翻訳の資料が中心。たとえば窓と向き合う壁一面に設置された本棚には『英語図詳大辞典』『類語大辞典』等の大型辞典から『映画スラング表現辞典』『カード・クレジット用語辞典』まで大小六十冊以上の辞書事典のほか、『世界特殊部隊大全』『ドイツ軍装備大図鑑』『アメリカの刑事手続』といった、染田屋さんらしい資料本がずらり。チャンドラーの伝記、ケインの伝記など、並んでいる洋書はほとんどがミステリー関係の研究書だ。机と正対する壁の本棚には自身の翻訳書のほか、整理後に刊行された翻訳ミステリーの文庫が主に並んでいるが、上段の「現代詩文庫」「日本詩人全集」など詩の本も。最上段の中央公論社版「世界の名著」はお父さんが買っていたもので、全巻揃っていないが、翻訳の参考書として重宝しているそうだ。

染田屋茂（そめたやしげる　翻訳家・編集者）　2021年7月号

山本直樹

スペース効率を追求した三メートル強の自作本棚

筒井康隆スピーキング 筒井康隆
邪眼鳥 筒井康隆
筒井康隆の文芸時評
ベティ・ブープ伝 筒井康隆
歌と饒舌の戦記 筒井康隆
夢の木坂分岐点
バスにのって 田中小実昌
ないものの存在 田中小実昌
田中小実昌 天国までぶらり酒
いつみが還ってきた!
声のない日々
広告批評の橋本治
ぼくたちの近代史 橋本治
桃尻娘プロポーズ大作戦 橋本治
帰って来た桃尻娘 橋本治
問題発言 橋本治
宗教なんかこわくない! 橋本治
文学王 高橋源一郎
タカハシさんの生活と意見 高橋源一郎
優雅で感傷的な日本野球 高橋源一郎
こんな日本でよかったら 高橋源一郎
文学なんかこわくない 高橋源一郎
もっとも危険な読書 高橋源一郎
君が代は千代に八千代に 高橋源一郎
日日不穏 筒井康隆
脳ミソを哲学する 筒井康隆
天狗の落し文 筒井康隆
夢探偵
敵 筒井康隆
ジャズ小説 筒井康隆
家族解散 糸井重里
話せばわかるか 糸井重里対談集
小説伝 小林恭二
半島記・群島記 小林恭二
ゼウスガーデン衰亡史 小林恭二
虚構世界の存在論 三浦俊彦
M色のS 三浦俊彦
ブロードウェイの自転車
ロメオ塾 中川五郎
渋谷公園通り 中川五郎
不惑の雑考 岸田秀
風車祭 池上永一
そうかもしれない 耕治人
天井から降る哀しい音 耕治人
水木しげる貸本モダン
水木しげる貸本ホラー
耕治人全集
とらんぷ譚 中井英夫
ディスコ探偵水曜日 舞城王太郎
みんな元気。
地を這う魚 吾妻ひでお
図説・死体論 布施英利
ダイオキシン汚染のすべて
語りえぬものからの問いかけ
東京漂流 藤原新也
サンカ研究 田中勝也
麻原彰晃を信じる人びと 大泉実成
「科学」のふろく
猫とロボットとモーツァルト 土屋賢二
敗戦後論 加藤典洋
平行植物
時代の風音 司馬遼太郎 宮崎駿

国語大辞典
言泉
WATCHMEN
MADE IN L.A.
フロム・ヘル
深海魚
世界大博物図鑑 1
世界大博物図鑑 2
世界大博物図鑑 3
世界大博物図鑑 4
世界大博物図鑑 5
KYO STYLE
CRAZY CATS
WAITING FOR FOOD
R.CRUMB
ボブ・ディラン 全詩集
Hieronymus Bosch
RAW CREATION
江口寿史
Balthus
少女物語 荒木経惟
H.R.GIGER'S NECRONOMICON 2
BARU
ROULEZ JEUNESSE!
大人計画
James Ensor, graveur
世界神秘学
Cityboys
KICK ASS
CHARLES MINGUS
10CD SET
三島由紀夫の家
岡崎京子

Noam Chomsky ノーム・チョムスキー
YOKO ONO
薔薇の名前 下
今世紀最大の問題小説
薔薇の名前 上
今世紀最大の問題小説
黄金伝説 1
精神の生態学 上
ベイトソンの
精神の生態学 下
永遠の少年
The Blues Book
音楽の不思議
別宮貞雄 著
荒井晴彦 全映画論集
金曜日の本
ジョン・バース
死父
J.G.バラード 千年王国ユーザーズガイド
コーンの孤島
マラマッド
完全な真空
架空書評集
虚数
対極
夢の本
伝奇集 ボルヘス
世界の文学 カルペンティエール マルケス
世界の文学 セリーヌ
十七歳 1964秋
十七歳 1964春
争議あり
アメリカの鱒釣り
リチャード・ブローティガン
藤本和子
バビロンを夢見て
百年の孤独
十二の遍歴の物語
落葉
ふたりの証拠
アゴタ・クリストフ
第三の嘘
カチアートを追跡して I
カチアートを追跡して II
ティム・オブライエン
ニュークリア・エイジ 上巻
ニュークリア・エイジ 下巻
不在の騎士 イタロ・カルヴィーノ
町でいちばんの美女
チャールズ・ブコウスキー
CHARLES BUKOWSKI ブコウスキー詩集
ホット・ウォーター・ミュージック
ブコウスキー
一人の男が飛行機から飛び降りる
悪魔の詩 上
特性のない男 I
フィネガンズ・ウェイク
フィネガン辛航紀
プリズマティカ
R・A・ラファティ
子供たちの午後
九百人のお祖母さん
サミュエル・ベケット短編小説集
サミュエル・ベケット
モロイ
ベケット戯曲全集 1
イヨネスコ戯曲全集 4
ギンズバーグ詩集
アレン・ギンズバーグ
諏訪優
Tristan Tzara
II 詩篇
心理学と錬金術 II
心理学と錬金術 I

漫画家・山本直樹さんは二十五年前に自宅を新築した際、工務店に依頼して一階リビングの廊下脇の壁に本棚を造り付けてもらったが、最上段を文庫用にしてもらったはずなのに、なんと文庫が入らない！　とりあえずCDを入れてお茶をにごしたものの、合点がいかず本棚の自作を決意。リビングから仕事部屋に向かう三メートル強の廊下の左右両側の壁面に、手製の本棚を設置した。廊下には右手に風呂、左手にキッチン、左手奥に仕事部屋、そして正面奥にトイレの入口があるため、けっこう入り組んだ構造になっているが、入口の上部も本棚になっていてスペースが無駄なく使われている。廊下の幅を保つべく奥行も四六判がぎりぎりで収まる程度に抑えられているので、前後に本が並ぶこともなく、収納されているすべての本の背が見えるのも自作ならではの利点だろう。一階廊下のほか、リビング、二階の廊下にそれぞれ一棹の本棚が置かれていて、リビングの本棚には大判の写真集や画集、DVD等、二階廊下の本棚にはサブカル系の単行本と文庫が主に並んでいるが、最下段に『江戸名所図会』『近松浄瑠璃集』『太平記』などの旧字タイトルの叢書が横積みになっている。一階リビングの本棚上に横積みされている「国訳本草綱目」とともに母方の祖父の元蔵書で、昭和初期の円本だが、とくに「本草綱目」はミイラは何に効くとか、とんでも系の面白本だという。

山本直樹（やまもとなおき　漫画家）2021年6月号

柳瀬徹

処分のためには整理はしない、流転の本棚

YBARRA
Iwatani
CASSETTE GAS
YANAKA COFFEE
お徳用 こんぶ茶
内容量 95g
小倉あん
ホーム・ラン
トリュフォー
山田宏一
天野忠 随筆選
旅のなかの旅
THE CATCHER IN THE RYE
失踪者たちの画家
最終定本
ヘミングウェイ短篇集
幻のアフリカ
汁かけめし快食学
くいしんぼう
河出文庫
ハックルベリー・フィンの冒けん
今まで知らなかった
犬たち
うたのしくみ
細馬宏通
空中スキップ
ゼロヴィル
スティーヴ・エリクソン
柴田元幸
アムニジアスコープ
Litter only
モデル・ワールド
謎SF
魔法の夜
エンペラー・オブ・ジ・エア
私たち異者は
野生の思考
山田宏一
箱舟はいっぱい
気楽に殺ろうよ
ミノタウロスの皿
監督 小津安二郎
夜の声
師いわく
春風亭一之輔
落語
現代生活独習ノート
月夜の散歩
角田光代
神秘大通り
HEROINES by Kate Zambreno
路地裏の子供たち

柚子茶
Darjeeling

R. KITAJIMA
PiT
シベリヤ物語
島ノート
羽生マジック
詰将棋の創り方
将棋の教科書
初段の常識手筋
筋違い角のすべて
藤井聡太のいる時代
攻めて強くなる戸辺流中飛車
将棋の本
将棋ビギナーズガイド
少年野球 練習メニュー210
広島東洋カープ
いきもの六法
将棋「次の一手」読本
読みの技法
戦いの絶対感覚
四間飛車破り
実戦詰め筋事典
ハンドブック
飼い喰い 三匹の豚とわたし 内澤旬子
稲川方人 全詩集
小説より奇なり
バスにのって 田中小実昌
伊丹十三
なぜ古典を読むのか
記号論
町中華とはなんだ
ヘミングウェイで学ぶ英文法
暮しの断片

失踪の社会学
中森弘樹
農業保護政策の起源
佐々田博教
僕たちはなぜ取材するのか
アフター・リベラル
吉田徹
平成デモクラシー史
清水真人
フェミニズムってなんですか?
清水晶子
ブルースだってただの唄
独学の教室
BLUE GIANT EXPLORER
BLUE GIANT SUPREME
DRAFT KING
クロマツテツロウ
クロニック
世界全史
CHRONICLE OF THE WORLD
聖書
知の論理
知の技法
知のモラル
プルースト/写真
フェルマータ
イギリス新鋭作家
コロナ危機の政治
イギリス1960年代

ライター・編集者の柳瀬徹さんは自宅の仕事部屋とリビングに天井つっぱり書棚を三棹と四段の低めの本棚を三棹設置。仕事部屋の本棚は仕事で使う資料がメインとのことで、人文・社会学系と海外文学が多いが、きちんと並んでいるのは「チェーホフ全集」くらい。山田稔と柴田元幸の本が目立つが、あっちにあったりこっちにあったり、ばらばらに入っていて整理されていない印象を受ける。実は柳瀬さんは書店に勤めていたことがあり、書店員時代は脈絡をつけて棚を作るのが好きで、柴田元幸の特集棚まで作っていたことがあるのだが、自宅では本を揃えたくないという。一度揃えたことがあったのだが、一旦揃えると、動かす気がなくなってしまい、読めなくなるし処分もできなくなる。死蔵してしまいそうなので、やめることにしたそうだ。以来、隙間を作りながら本を入れ替えているため、仕事で使った本でもこれはもう読まないと判断すれば、わりとすぐに処分してしまう。これが本がたまらない秘訣らしい。リビングの本棚は読書傾向の似ている奥さんとの共用で、文芸書、食べ物関係、将棋や少年野球の本がジャンルで整理されているが、やはり柴田元幸はあちこちに散在している。これ以上本を増やさないが家族のコンセンサスとのことで、処分するためには整理しない、がモットーの流転の本棚なのである。

柳瀬徹（やなせとおる　ライター・編集者）2022年12月号

第4章

行雲流水篇

吉田戦車
吉川浩満
遠藤諭
高橋和男
円堂都司昭
巖谷純介
植村愛音
書物蔵

吉田戦車

ふすまを開けると本が現われる

超絶土魂伝説
平田弘史
日本ボロ宿紀行
ニッポン食散歩
パンダコパンダ
男はつらいよ
STAR WARS
ULTRAMAN Z
A FISTFUL OF DOLLARS
名作アニメ劇場
マイケル・ジャクソン VISION
ゼロ・グラビティ
映画女優
米
三大怪獣グルメ
東京は、秋
アダムの肋骨
お弁当
日の出食堂の青春
毎日が最後の晩餐
すごいストレッチ
宇宙のかけら
日本の動物
道は生きている
最高のおにぎりの作り方
新しい料理の教科書
コミックいわて
深夜便
ヒトはなぜ協力するのか
戯れの魔王
似合わない服
巨大ブラックホールの謎
ザはサイエンスのサ
鹿野司
常用字解
白川静
平凡社
酒のほそ道
明治流星雨
かの蒼空に
秋の舞姫
不機嫌亭漱石
コミックいわて
ドロヘドロ本
スピリッツ本
粗食のきほん
ふるさとの家庭料理
ジジイの片づけ
台所しごと
檀流クッキング
檀一雄

NEON GENESIS EVANGELION
ゴジラ×メカゴジラ
茶の味
未来少年コナン 1
宝島 COMPLETE DVD BOOK
宝島 COMPLETE DVD BOOK
宝島 COMPLETE DVD BOOK
ジャスティス・リーグ
マンガのDNA
SHORT PEACE
あまカラ抄
ベイマックス
北京原人の逆襲
薩摩スチューデント、西へ
マタギ
ヤマト2199
大衆食堂パラダイス!
モースの見た日本
失われた帝都 東京
40年前の東京
戦後ニッポン
パノラマ日本列島
こども空の旅
ももたろう
おおきなかぶ
Pollyanna
日本全史
つなみ
戦争中の暮しの記録
マンガのDNA
OTOMO KATSUHIRO
FIGURE REFERENCE
武器

あのとき、この本
こうの史代
骨風
篠原勝之
戯れの魔王
畢生の連作集
文藝春秋
プリニウス XI
ヤマザキマリ とり・みき
新潮社
腸を元気にするレシピ 109
魚柄仁之助
飛鳥新社
魚でつくる絶品つまみ
魚柄仁之助
みんなの大衆めし
瀬尾幸子
かぼちゃを塩で煮る
牧野伊三夫
幻冬舎
気ぬけごはん ②
東京のち神戸、ときどき旅
高山なおみ
暮しの手帖社
気ぬけごはん
高山なおみ
暮しの手帖社
朝一番のおいしいにおい
佐藤初女
女子パウロ会
似合わない服
山口ミルコ
巨大ブラックホールの謎
本間希樹
講談社
そうじで済めるこころと暮らし
来馬正行
Tove Jansson SENT I NOVEMBER
ムーミン谷の十一月
百鬼園随筆
内田百閒
新潮文庫
よこまち余話
木内昇
中公文庫
家ごはんの幸福
土井善晴
土井善晴さんちの「名もないおかず」の手帖
永久定番!
浮世女房洒落日記
木内昇
中公文庫
大阪弁おもしろ草子
田辺聖子
中公文庫
まいにち小鍋
小田真規子
人気料理家7人の本当にうまい鍋53
幸田文 台所帖
幸田文
青木玉
平凡社
とろみの料理帖
魚柄仁之助
池田書店
おいしいごはんはこう作る
魚柄仁之助
捨てずにおいしく食べるための 食材 食べ切り見切り時 手帖
魚柄仁之助
池田書店
「坊っちゃん」の時代 第五部 不機嫌亭漱石
関川夏央 谷口ジロー
不朽の名作、完結編 装い新たに刊行
「坊っちゃん」の時代 第四部 明治流星雨
関川夏央 谷口ジロー
不朽の名作、第四部 装い新たに刊行
双葉社
「坊っちゃん」の時代 第三部 かの蒼空に
関川夏央 谷口ジロー
不朽の名作、第三巻 装い新たに刊行
双葉社
「坊っちゃん」の時代 第二部 秋の舞姫
関川夏央 谷口ジロー
不朽の名作、第二巻 装い新たに刊行
双葉社
「坊っちゃん」の時代
関川夏央 谷口ジロー
双葉社
ACTION COMICS
ありがとう、うちを見つけてくれて
「この世界の片隅に」公式ファンブック
こうの史代
完本 大江戸料理帖
福田浩 松藤庄平
新潮社
2021
2022
2023
2024
2025
ごはんのきほん
レシピを見ないで作れるようになりましょう。
有元葉子
SB Creative
レシピを見ないで作れるようになりましょう。
有元葉子
SB Creative
初女さんのお料理
佐藤初女
小林カツ代のあっという間のおかず
小林カツ代キッチンスタジオ
漫画家本SPECIAL スピリッツ本
小学館
コミックいわて 壱
岩手県
銀杏社
コミックいわて Q
岩手県
銀杏社
漫画家本SPECIAL ドロヘドロ本
小学館
漫画家本 16 ジョージ秋山本
異端の天才漫画家は何を遺していったのか?
鎌田式 「スクワット」と「かかと落とし」
鎌田實
ラズウェル細木の東京蕎麦食い巡礼
ラズウェル細木
ミリオン出版
「粗食」のきほん
幕内秀夫
冨田ただすけ
ねこはいに
南伸坊
ねこはい
南伸坊
遊廓に泊まる
関根虎洸
そば屋の旦那衆
聞き書 香川の
聞き書 岩手の
聞き書 東京の
聞き書 埼玉の
聞き書 アイヌの
河童の三平 上
ベランダは難攻不落の
河童の三平 下
ラクなのに美味しい驚異の弱
大邱の夜、ソウルの夜
台所に敗戦はな
ごんぎつね
のんき図画
南伸坊
孤独のグルメ 2
ゆうきまさ

宮本常一 写真・日記集成
赤線奇譚 木村聡
おかゆ一杯の底力
だって買っちゃった
DRAGON BALL
イラスト資料集
立体復原 日本の歴史
禅味納豆料理
自然の元気をいただきます
スパイスカレー作れました!
中華コツのコツ
健全なる美食 玉村豊男
じゃりン子チエ
版画まんだら
海の夏
どうぶつえん
むかしむかし
いま・すぐ・食べたい!韓国ごはん
やっぱり肉が好き
ぬけだしたジョーカー
走れ・みかんのかわ
丸元淑生のシンプル料理
ビジュアル博物館
イヌ科の動物
ネコ科の動物
武器と甲冑
SKETCH
河出文庫
角川ホラー文庫
こわい本

NHK映像集
つつまし酒
ゾンビ体操
ひねり運動
血圧を下げる方法
新どうぶつ記 1
新どうぶつ記 2
新どうぶつ記 3
あかちゃんもってる よしだせんしゃ
EASY STOCKER
POCKET ALBUM 80
変身
極道たちの肖像
岩手県
KING CLEAR FILE Color Base
店舗百科'90
大正・昭和少年少女雑誌の名場面集
子どもの昭和史
スパイ・ブック THE ULTIMATE SPY BOOK
PHOTO STAGE
大容量のコンパクトアルバム
21世紀こども百科
21世紀こども人物館
学研の図鑑 人とからだ
学研のこども図鑑
FOOD'S FOOD 食材図典
ふしぎ?なぜ?大図鑑
動物の図鑑
鳥類の図鑑
恐竜の図鑑
大むかしの生物
魚貝の図鑑
植物の図鑑
日本の地理
世界の歴史
小学館の学習百科図鑑
BROSS CLEAR BOOK 60
CLEAR FILE Color Base
環境仕様の決定版
クロムフリー
エコロジードッチ
KING JIM
CLEAR BOOK
OUT-IN HOLDER
日本地図帖
JAPAN ATLAS
東京下町 1930 桑原甲子雄
DOG 日本と世界の犬のカタログ'94
背景カタログ
ポーズカタログ

漫画家吉田戦車さんは自宅一階の八畳和室を仕事部屋として使用。机がふたつにパソコンが数台、床にルーターが点在する仕事部屋には、中央に背の高い九十センチ幅の本棚がそびえるが、本棚はこれひとつではない。なんと、押し入れ全体が造り付けの本棚になっていて、ふすまを開けるとじゃーん、本が現われるのである。頑丈な板で造作された押し入れ本棚には背景カタログやポーズカタログ、動物や乗り物の写真集、恐竜や鳥類、魚貝、植物の図鑑など漫画の資料も整然と並んでいるが、びっくりするのは料理本の数。スパイスカレーに炒飯、韓国スープ、納豆料理に魚料理と、和洋中からエスニックに弁当まで、あらゆる料理の本が中央の本棚も合わせ、ずらっと並んでいるのだ。小林カツ代・ケンタロウ親子、有元葉子、土井善晴、瀬尾幸子、高山なおみなど、料理研究家のレシピ本ばかりか、檀一雄、玉村豊男、小泉武夫らの食エッセイ、そして農文協の「聞き書　日本の食生活」シリーズや「聞き書　ふるさとの家庭料理」シリーズなど民俗学系の食文化の本と、多種多様な食関連の本が揃っているのである。本棚に並んでいるのはすべて読んだ本、というからまた驚くが、古くは四十年くらい前に買った本から並んでいるらしい。上京して自炊を始めてから四十年近く、東京暮しの歴史が詰まった本棚なのである。

吉田戦車（よしだせんしゃ　漫画家）2022年8月号

HITACHI
SFC YEAR BOOK 1994
LENI LIFE
情報の歴史21
レトリック事典
事件・犯罪大事典
ビッグヒストリー大図鑑
思考の教室
MacBook Air

吉川浩満

紙かデータか、折り合いに悩む進化途上の壁

過去を復元する
動物の権利
死者の歌
フロイト主義
海を流れる河
石原吉郎
ソ連強制収容所
鹿とラーゲリの女
仔牛が樫の木に角突いた
涙の杯
東京裁判とオランダ
マジナリアでつかまえて
ただいまアメリカ留学中
八ヶ岳雪密室の謎
ワンフィンガー
現代文・小論文
NOTA BENE
博物学の黄金時代
オールコック・ルーベンスタイン 動物行動学
大絶滅
利己的な遺伝子
延長された表現型
リチャード・ドーキンス
社会生物学
性淘汰
恋人選びの心
性の進化論
サピエンス全史
ユヴァル・ノア・ハラリ
ライフサイエンスのための生物学
岩波 生物学辞典 第5版
岩波書店
進化学事典
現代文B
日本の論点 2020 2030
解きたくなる数学
文系の私に数学を教えてください
数の悪魔
ダメな統計学
ニューロン人間
考える物質
言語から認知を探る
NOISE
人間本性を哲学する
ハキリアリ
蟻の自然誌
社会学
社会学文献事典
ディスタンクシオン
ブルデュー
先史学者プラトン
心脳問題
ゲンロン 10
日本の論点
早稲田文学
社会の科学
会話分析入門
エスノメソドロジー
概念分析の社会学
人工知能と人間・社会
ロボット・AIと法
社会倫理学講義
AI時代の労働の哲学
人工知能のための哲学塾
ローマ経済の考古学
経済史
Who Gets What and Why
マンキュー入門経済学 第3版
現代経済学の直観的方法
長沼伸一郎
ミクロ経済学の力
ORGANS WITHOUT BODIES ŽIŽEK
ギルヴィッチ
文学的商品学
斎藤美奈子
現代文化を学ぶ人のために
カント全集 第五巻
収容所群島
ソルジェニーツィン
進歩
ホモ・デウス
人類のやっかいな遺産
争点としてのジェンダー
フェミニズム大図鑑
ロシア革命史
The Savage Anomaly
MARX

情報の歴史21
ワーズワード
コンパクト版
世界ことわざ比較辞典
岩波新書解説総目録 1938-2019
岩波文庫解説総目録 1927～2016
レトリック事典
明治 大正 昭和 平成 事件・犯罪大事典
国語便覧
世界の陰謀論
大図鑑 コードの秘密
ホロコースト大事典
The Holocaust Encyclopedia
ビッグヒストリー大図鑑
サイエンス5000年史
スクリブナー思想史大事典 普及版 1
スクリブナー思想史大事典 普及版 2
スクリブナー思想史大事典 普及版 3
スクリブナー思想史大事典 普及版 4
スクリブナー思想史大事典 普及版 5
スクリブナー思想史大事典 普及版 6
独学大全
アイデア大全
問題解決大全
できる研究者の論文作成メソッド
できる研究者の論文生産術
コンサルタントの秘密
ライト、ついてますか
コンサルタントの道具箱
ワインバーグの文章読本
てにをは辞典
てにをは連想表現辞典
思考の技法
ダニエル・C・デネット
思考の教室
戸田山和久
究極の思考ツール
「書く人」のための辞典
教養の書
創作者のパートナー
読む時間
回想のドストエフスキー
作家の日記
知的創造の条件
批評について 芸術批評の哲学
日本批評大全
まったくゼロからの論理学
論理と言葉の練習ノート
思考力改善ドリル
シカゴ・スタイルに学ぶ論理的に考え、書く技術
取材・執筆・推敲 書く人の教科書
読む・打つ・書く
伝わる文章表現
分かりやすい文章の技術
本多勝一 実戦・日本語の作文技術
本多勝一 日本語の作文技術
英文翻訳術
論証のレトリック
論証のルールブック
レトリックと詭弁
議論入門
入門！論理学
日本語のレトリック
すべてはノートからはじまる
プロ司書の検索術
神聖喜劇
名著から学ぶ創作入門
SAVE THE CAT
ページと力
影響力の武器
三行で撃つ
文学は実学である
366日 文学の名
文豪通信
文豪の名句名言事典
ムーミン谷の名言集
ポルトガルの海
サードプレイス
2040年の未来予測
SELF HELP
大人の気骨
在野研究ビギナーズ
未来の年表2
年表
不安の書
永久機関
太宰治 滑稽小説集

A Story of Us
岩波 哲学・思想事典
岩波書店
哲学・思想翻訳語事典
語源から哲学がわかる事典
新版 哲学・論理用語辞典
西洋哲学の系譜
100の思考実験
倫理学の道具箱
哲学の道具箱
哲学用語図鑑
続・哲学用語図鑑
図鑑 世界の哲学者
日本の思想
丸山眞男と吉本隆明
哲学の誤配
東浩紀
新対話篇
東浩紀対談集
考える練習
保坂和志
吉本隆明全集 5
吉本隆明全集 6
吉本隆明全集 7
吉本隆明全集 25
差異と反復
アンチ・オイディプス
千のプラトー
スピノザ
エティカ
カント事典
純粋理性批判
実践理性批判
判断力批判
カント
哲学の25年
カントの航跡のなかで
カント 第三の思考
ハイデガー事典
心の概念
ジレンマ
伊丹十三選集 一
伊丹十三選集 二
伊丹十三選集 三
セネカ哲学全集 5
セネカ哲学全集 6
道徳論集
オースティン哲学論文集
自由の余地
自由は進化する
心の進化を解明する
心は遺伝子の論理で決まるのか
現代世界における意思決定と合理性
モラル・トライブズ
政治思想史入門
堤林剣
物語としての歴史
ポストモダンの条件
連帯
ローティ論集
進化倫理学入門
コウモリであるとはどのようなことか
理性の権利
ビーイング・グッド
倫理学入門
ふだんづかいの倫理学
入門・倫理学
哲学探究
ラスト・ライティングス
反哲学的断章
ウィトゲンシュタイン 哲学宗教日記
論理哲学論考
ウィトゲンシュタイン 明確化の哲学
はじめてのウィトゲンシュタイン
現代哲学の主潮流
哲学入門
哲学の現在
ソクラテス
イエス ブッダ
孤独と交わり
ヤスパースとハイデッガー
実存哲学
神とは何か
Deer

山本貴光さんとの共著『人文的、あまりに人文的』でもおなじみの文筆家にして編集者の吉川浩満さんは二十年前に自宅を新築する際、約八畳の書斎の壁四方に本棚を造り付けた。入口ドアと窓を除く壁全面に天井まで造り付けられた頑丈な木製の本棚は一万冊超の収納力を誇るが、引っ越してみたら、その時点でほぼ満杯。本はどんどん部屋中に積まれるばかりで、これでは暮らせないと十五年前に自炊（データ化）を始めた。これまでに一万冊ほどをデータ化したとのことで、現在本棚に並んでいる四千冊弱の本は、もともと自炊しなかった本と、自炊したがやっぱり紙の本が欲しくなって買い直した本、読まない本、に分類されるらしい。机の真後ろはレファレンスと読み書きのお手本となる好きな作家たち。『収容所群島』に付けられた付箋がすごい。「ちくま哲学の森」をはさんで、自炊したがもう一度紙版が欲しいと集めた哲学の愛読書、生物学と社会学の買い直した本が続く。せっかく自炊という新しいスタイルを始めたのだから使うことを優先しようという方針なので、寂しさはないが不便さはあるそうだ。やはり紙のほうが読みやすく操作性も高いので、理想は家では紙、外ではタブレットで読むことだが、両方買ったのでは本棚がまたすぐに満杯になる。その折り合いに悩む進化途上の本棚なのである。

吉川浩満（よしかわひろみつ　文筆・編集）２０２２年３月号

遠藤諭

築九十六年の洋館に造り付けたおもちゃ箱

ハッカーを追え!
ハッカーを追え!
機械たちの戦争
神はカオスに宿りたもう
ずばり!香港
パソコン30年史
カレー語辞典
パワー・オフ
西遊妖猿伝
AUTO RACE
The race is on! Shift! Steer! Avoid a collision! Beat the clock!
BANDAI ELECTRONICS

コンピューター
ASCII
月刊小説マガジン
COMの時代
唐十郎
漫画力
カルト資料
中央線
水鏡綺譚
近藤ようこ
向こう町ガール
北村みなみ
年上のひと
世界最強の作り方
機械と運動の科学
技術開発の昭和史
現代技術史論
電気の技術史
機械の現象学
アマチュア科学者
アメリカ発明史
ポピュラーサイエンスの時代
ことば遊びの民族誌
日本語大博物
タルホ事典
恋愛小説集
アメリカの鱒釣り
黄色チューブ
単独飛行
ロバのパン物語
近代プロパガンダ
マーフィーの法則
知られざるインド独立闘争
インドを食べる
とうがらしの世界
世界の歴史
PHONE BOOK
THE PHONE
コンピュータの神話学
気になる部分
CABLE CAR
オートバイの歴史
ガリレオの指
アフターマン
メキシコから来たペット
くそっ!なんてこった
アメリカ
赤ちゃん列車が行く
都市伝説
ふしぎの国のアリス
鏡の国のアリス
赤ちゃん誘拐事件
ゾンビの発明
ポケットのなかのチャペック
千野栄一
ZINEのはじめ方
チップに賭けた男たち
天才発明家
インタビュー集
天才プログラマー
プログラマのうちあけ話
私の好きなタイプ
本の歴史
紙の歴史
本ができるまで
コンピュータ言語進化論
ファースト ネット センチュリー
インターネットの起源
ライフゲイムの宇宙
Webの創成
マイクロコンピュータの誕生
グーテンベルクの謎
歌謡曲
快楽

チップに賭けろ
西洋菜食文化史
新・思考のための
ニッポンマンガ
ハイウェイスター
夢みる機械
計算機屋かく戦えり
日本パソコン30年史
マーフィーの法則
Murphy's Law
続マーフィーの法則
本とコンピュータ
原之夫生追悼集
眠れぬ夜のグーゴル
ソニー自叙伝
遠藤諭の電脳術
近代プログラマの夕
インターネットを技術で盗め
ことば遊び辞典
生物化するコンピュータ
横井軍平ゲーム館
はじめてのあっぷる
キス・キス
ハッカーズ
HACKERS
神はカオスに宿りたもう
ハッカーズ大辞典
パックマンのゲーム学入門
香港マニアックス
米澤嘉博に花束を
ハンター・キラー
And the Angels Sing
クシー君の発明
極楽島ただいま満員
MIND HACKS
AUTO RACE
MATTEL ELECTRONICS
BANDAI ELECTRONICS
SUBMARINE

青い秋
MINECRAFT 学歴史
日本デザイン史
脳はなにげに不公平
池谷裕二
OCEAN MOTION
快楽主義の哲学
エスプリとユーモア
長い長いお医者さんの話
悪魔の発明
黒魔術の手帖
彼等(they)
東京エレジー
CRAZY ENGLISH RICHARD
ヴァニラとマニラ
COMIC BOX
COMの時代
ぱふ
わんだ〜らんど通信 6号
唐十郎の世界
論よりコラム
漫画力
香港へ行こう!
昭和30年代のTVガイド
カルト資本主義
アイデアのつくり方
魔都の群盲
湊谷夢吉
Toyota Coaster Light Bus
數碼港
ピッツェリア・カミカゼ
機械と運動の科学
技術開発の昭和史
現代技術史論
電気の技術史
機械の現象学
求道学舎再生
アマチュア科学者
カレル・チャペックの童話の作り方
盆栽の宇宙誌
アメリカ発明史
ポピュラーサイエンスの時代
彼等 they
稲垣足穂
ことば遊びの民族誌
日本語大博物館
百年の愚行

SYNERGY
ガロ
世界史
BRAIN
ブレーン
ニッポン・プロダクト
諸星大二郎
EVERYTHING
テレビゲーム
蘇るPC-8801伝説
FRANK READE
GUNNAN and BENNETT
A COMPUTER PERSPECTIVE
百学連環
図説 20世紀テクノロジーと大衆文化
I HEAR AMERICA TALKING
Stuart Berg Flexner
MIND HACKS
ハッカーズ大辞典
パックマンのゲーム学入門
西遊妖猿伝
Vol. 24
4ビット マイコン
大人の科学 マガジン
Gakken
ODYSSEY
100選
WINDOWS 3.1/95/NT対応版
ASCII
CD-ROM WORLD
NHK 連続人形劇のすべて
A COMPUTER PERSPECTIVE
UNIX
ARCADE GAME TYPOGRAPHY
電子頭脳映画史
ワープロと日本語処理
国産コンピュータはこうして作られた
岡崎京子 戦場のガールズ・ライフ
Making WET: The Magazine of Gourmet Bathing
インターネット
理解の秘密

角川アスキー総合研究所主席研究員遠藤諭さんの自宅は一九二六年（大正十五年）築（なんと築九十六年！）という歴史的建物をリノベーションした洋館のようなアパートメント（と呼びたい）の三階で、玄関を入ると天井高三メートル、長さ六メートル、幅一・八メートルという廊下が広がっている。左手にはアールの付いた窓が並び、窓の向こうで樹齢百年のイチョウの葉が風に揺れている。イチョウの対面には造り付けられた高さ二メートル五十センチ、幅四メートル弱のがっしりした本棚。そんな西洋絵画のような本棚に収められているのは、自著、自身がつくった本（かつて編集長を務めていた伝説の雑誌「東京おとなクラブ」も揃っている）、そして好きな本とのことで、稲垣足穂に永島慎二、久保田二郎に漫画の手帖など、サブカル、コミック、コンピュータ系の本やリトルマガジンが秩序なく並んでいる。驚くのは本の前に置かれた夥しい数の雑貨類で、八三年製のオリベッティのコンピュータ（歴史上もっとも美しいらしい）から古いジョイスティック、紙テープ穿孔機、加算器等がずらり。リビングに設置された三棹の本棚にはウクレレやエアロフォンといった楽器類も本の前に飾ってある。本棚は持ち主の脳みそですから、というが、おもちゃ箱のような本棚はたしかに主席研究員そのものなのかもしれない。

遠藤諭（えんどうさとし　角川アスキー総合研究所主席研究員）２０２２年7月号

髙橋和男

断捨離を経て残った一万冊！
一軍ぞろいの本棚

ええ音やないか
浦山桐郎
争議あり
今月の新刊

日本シナリオ大系 1
日本シナリオ大系 2
日本シナリオ大系 3
日本シナリオ大系 4
日本シナリオ大系 5
日本シナリオ大系
昭和の劇
田村孟 人とシナリオ
山内久 人とシナリオ
新藤兼人の映画著作集
現代フランス
つかこうへい正伝
魚つくし
煉獄術
つかこうへい傑作選（四）
ヒモのはなし
西河克己映画修業
森一生 映画旅
黒澤明 樹海の迷宮
映画の呼吸
ええ音やないか
内田吐夢伝
東宝行進曲
小津安二郎日記
テレビドラマ代表作選集
私説 放送史
悲劇喜劇
男たちの旅路
想い出づくり
阿修羅のごとく
思い出トランプ
あ・うん
夢千代日記
ふぞろいの林檎たち
シャツの店
冬構え
午後の旅立ち
冬の蜃気楼
柔らかな眉の角
俳優のノート
The New Wave
マスターズ・オブ・ライト
夢のぬかるみ
コッポラ
映画とは何か
ビリー・ワイルダー自作自伝
ザナック
ビリー・ワイルダー イン・ハリウッド
ジャン・ギャバンと呼ばれた男
子供たちの時間
トリュフォー
ボギー
昨日、悲別で
大都会
拝啓、ご様
火の用心
北の国から
眠られぬ夜に
天国の駅
海辺の家族
東京パラダイス
華日記
夏少女
幸福
家族熱
演技と人間
向田邦子全対談集
寺内貫太郎一家
蛇蠍のごとく
日本映画
マグナカルタ
浪漫疾風録
シェイクスピア
日本ルイ十六世伝
ライスカレー
想い出かくれんぼ
弁護士バイロン
つかこうへい'98戯曲集
佐川君からの手紙
波瀾万丈の映画人
田中絹代
おいしい人間
河童が覗いた

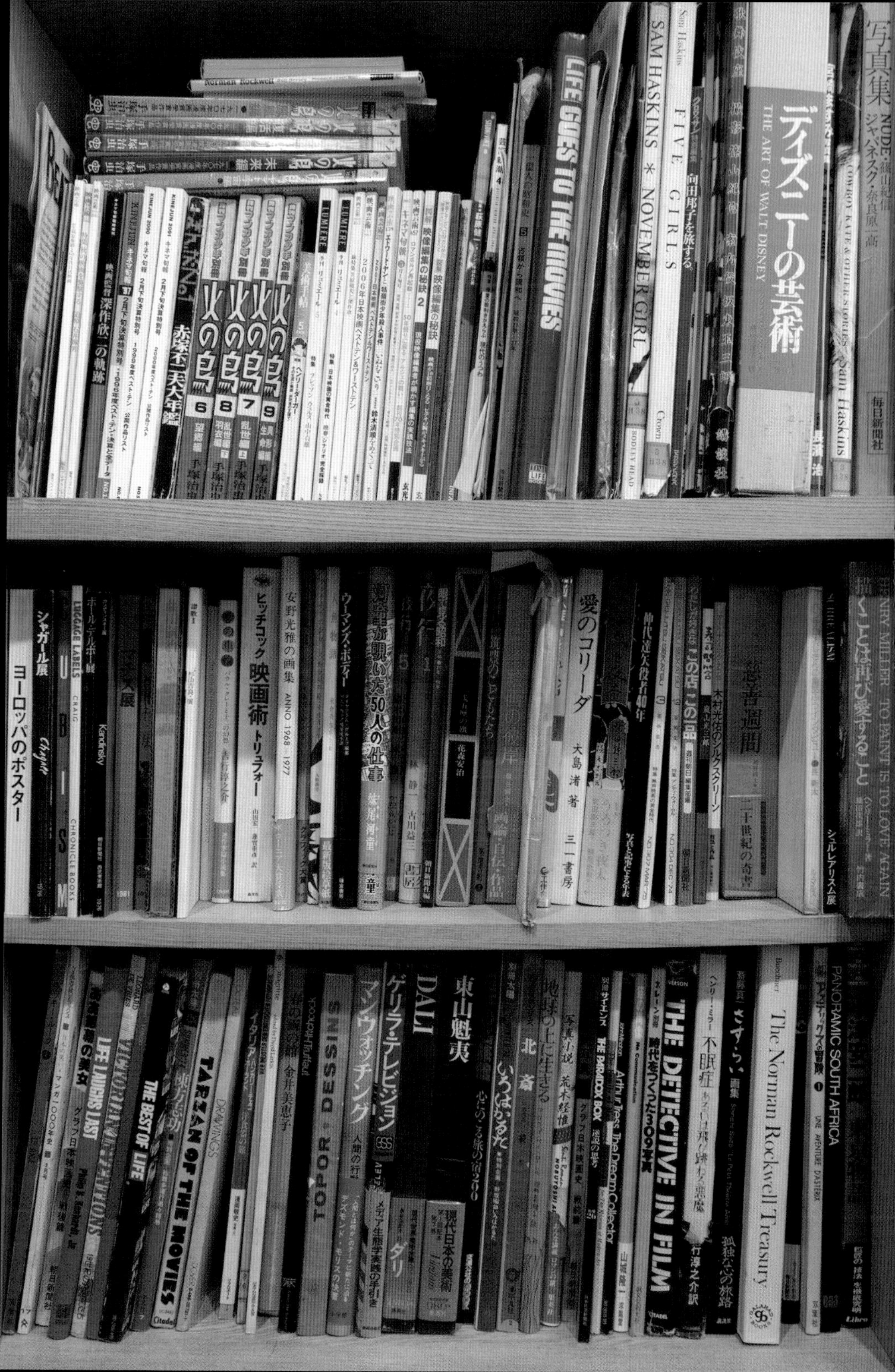

ヨーロッパのポスター
シャガール展
LUGGAGE LABELS
CRAIG
CHRONICLE BOOKS
CUBISM
ポール・デルボー展
Kandinsky
ヒッチコック 映画術 トリュフォー
安野光雅の画集 ANNO 1968–1977
ウーマンズ・ボディー
愛のコリーダ
大島渚著
三一書房
この店この品
木村光佑のシルクスクリーン
慈善週間
二十世紀の奇書
シュルレアリスム展
HENRY MILLER TO PAINT IS TO LOVE AGAIN
描くことは再び愛すること

超時間対談 和田誠
物語の旅
倫敦巴里 和田誠
手紙
地球へのピクニック 谷川俊太郎
ナンセンス・カタログ
にっぽんほら話 和田誠
仙人の壺 南伸坊
自分の中の子ども 谷川俊太郎
ONCE 谷川俊太郎
建築探偵 東奔西走
もの食う人びと 辺見庸
美味礼讃
たべもの芳名録 神吉拓郎
ぼくたちの七〇年代 高平哲郎
辞書になった男
風俗の人たち 永沢光雄
読書狂いもほどほどに
パロディって何なのさ。 マッド・アマノ
ドバンタ乱入帖 山下洋輔
パロディの精神
私の浅草 沢村貞子
ひと皿の歳時記
サラダ記念日
ミステリーでも勉強しよう 雨降りだから 植草甚一
新聞や雑誌に書いていた 植草甚一
ワンダー植草甚一ランド 植草甚一
負け犬 志水辰夫
約束の地 志水辰夫
滅びし者へ 志水辰夫
情事 志水辰夫
深夜ふたたび 志水辰夫
暗夜 志水辰夫
生きいそぎ 志水辰夫
冬の巡礼 志水辰夫
花ならアザミ 志水辰夫
行きずりの街 志水辰夫
尋ねて雪か
背いて故郷 志水辰夫
みのたけの春 志水辰夫
二十世紀鉄仮面
名もなき道を 高橋治
秘伝 高橋治
流域 高橋治
ダークナンバー 長沢樹
ルイズ 松下竜一
無想庵物語 山本夏彦
家畜人ヤプー
海峡 伊集院静
春雷 伊集院静
室町お伽草紙 山田風太郎
明治十手架 山田風太郎
戦中派天才老人・山田風太郎 関川夏央
婆沙羅
十三角関係 山田風太郎
室町少年倶楽部 山田風太郎
明治十手架 山田風太郎
コレデオシマイ。 山田風太郎
銀の雨 宇江佐真理
蛇衆 矢野隆
明治撃剣会 津本陽
安吾捕物帖
あなたの胸で眠りたい
小伝抄
童の神 今村翔吾
十手人 押川國秋
悪たれの華
ふぶけども 小嵐九八郎
蜂起には至らず
裸者と裸者 打海文三
愚者と愚者 打海文三
走るジイサン 池永陽
コンビニ・ララバイ 池永陽
水の恋 池永陽
ゆらゆら橋から 池永陽
でいごの花の下に 池永陽
少年時代 池永陽
闇に生きる
八百八町捕物控
あの日にドライブ
僕たちの戦争
静かな爆弾 吉田修一
悪人 吉田修一 最高傑作
正義のミカタ 本多孝好
算学奇人伝
こどもはおもしろい
樹の上の草魚 薄井ゆうじ
猫の縁談
セント・メリーのリボン 稲見一良
男は旗 稲見一良
猟犬探偵 稲見一良
チェーン・ポイズン 本多孝好
花見川のハック 稲見一良
タック・コール
銀座北ホテル
回転木馬 樋口修吉

ブラック・ユーモア選集 第3巻 北京の秋
ブラック・ユーモア選集 第6巻 外国篇
ボリス・ヴィアン全集 赤い草 伊東守男訳
ボリス・ヴィアン全集 死の色はみな同じ
ボリス・ヴィアン全集 アンダンの騒乱
金色の老人と喪服の時計
火の精神分析 ガストン・バシュラール 前田耕作訳 せりか書房
世界詩人全集
狼の太陽
向う側への旅
ケッセル 現代世界文学全集 36 新潮社
大理石
異端教祖株式会社
少年 ロアルド・ダール 永井淳訳
オズワルド叔父さん
来訪者 ロアルド・ダール
王女マメーリア ロアルド・ダール
昨日は美しかった ロアルド・ダール
単独飛行 ロアルド・ダール
昼顔 ケッセル
アデン アラビア ポール・ニザン
段階 degrés
調書
リュシエンヌに薔薇を
ロリータ ナボコフ
闇の中から来た女 ダシール・ハメット
マルタの鷹 ハメット
ブルックリン最終出口
路上
ボビーとディンガン
盗み
心臓を貫かれて マイケル・ギルモア 村上春樹訳
夢幻の人びと
広場の悪魔
スクールガール殺人事件
純愛小説名作選
心中小説名作選
わたしエトセトラ
写真論 スーザン・ソンタグ
赤毛のサウスポー
町でいちばんの美女 チャールズ・ブコウスキー
わが愛わが彷徨 ヘンリー・ミラー
聖処女
シービスケット
ヘンリー・ミラーのラブレター
ザ・ライト・スタッフ 宇宙飛行士
奇妙な果実 ビリー・ホリデイ自伝
ニューヨーク物語 ピート・ハミル
アメリカン・ビート
刑事
スターン氏のはかない抵抗
34歳のミリアム
マーロウ最後の事件 レイモンド・チャンドラー
ブルー・ハンマー ロス・マクドナルド
結婚しよう
黒の過程
マルコムの遍歴
まっぷたつの子爵

フジテレビのディレクター・プロデューサーを長く務め、映画「熱海殺人事件」のメガホンもとった演出家・髙橋和男さんはコロナ禍もあって昨年の五月から七月にかけて断捨離を敢行。映画関係の雑誌や平凡パンチ、週刊プレイボーイの古い号、官能小説などの文庫類一万冊近くを処分すると同時に、二階が重くて危険！と二階の本の一部を一階に移動。一階の四畳半と階段下の物入れ、玄関収納、二階の洋室二部屋と廊下に本棚を分散して、残った一万冊超の本を整理して並べることに成功した。メインの一階四畳半には一方の壁面の本棚に映画・演劇関係の本のほか、ノンフィクションを並べ、もう一方の壁面の棚に大江健三郎、丸谷才一、倉橋由美子、筒井康隆、井上ひさし、村上春樹など、愛読してきた作家の本を作家ごとに収納。さらに部屋の中央に押し入れ用の本棚を置き、時代小説の文庫やコミックを収めたうえ、適当な高さまで本を横積み。四畳半奥の階段下物入れにも本棚を設置して、海外文学やポケミス、長谷川伸やヘンリー・ミラーの全集等を並べている。もともと整理整頓が苦手なため「かなり自分勝手」に並べたそうで、一階と二階に同じ作家が分かれていたり、改良の余地は未だありそうだが、並ぶのは断捨離を経て生き残った本。まさに一軍ぞろいの本棚なのである。

髙橋和男（たかはしかずお　演出家）２０２１年5月号

円堂都司昭

現在進行中がひと目でわかる、参考文献のようなヴィヴィッドな本棚

魔眼の匣の殺人 今村昌弘
兇人邸の殺人 今村昌弘
ミステリと東京 川本三郎
エラリー・クイーン 推理の芸術
眠れる美女たち
地下室の記録
ホラー小説講義 荒俣宏
本格ミステリ大賞 2001-2010
現代本格ミステリの研究 諸岡卓真
複雑な殺人芸術
論理の蜘蛛の巣の中で
本格ミステリ戯作三昧
エレクトロ・ヴォイス
フレディ・マーキュリー 自らが語るその人生
デヴィッド・ボウイ 無を歌った男 田中純
キング・クリムゾン全史
ロバート・フリップ
ビル・ブルーフォード自伝
イエス全史
ピンク・フロイド詩集
RUSH
社会は存在しない
日本国紀 百田尚樹
独身者の機械
フランケンシュタイン
ディストピア聖典
ロックが聴こえる本105
東日本大震災後文学論
幻想の画廊から 澁澤龍彦
犬身 松浦理英子
名作歌舞伎全集
八犬伝ものがたり
謎の解像度
エンタメ小説進化論
バンド臨終図巻

シン・ゴジラ論
藤田直哉
新世紀ゾンビ論
攻殻機動隊論
テッド・チャン
息吹
大森望
三体
劉慈欣
三体II 黒暗森林 上
三体II 黒暗森林 下
三体III 死神永生 上
三体III 死神永生 下
円
劉慈欣
透明性
マルク・デュガン
服従
マーガレット・アトウッド
誓願
未来を覗くH・G・ウェルズ
日本SF精神史
長山靖生
奇譚とユートピア
日本驚異〈SF〉小説史
小松左京、最後のメッセージ
現代日本宰相論
藤本一美［編］
世界を分断する「壁」
戦後日本の宗教史
島田裕巳
錯乱の日本文学
石川義正
アメリカ
坪内祐三
戦艦大和講義
一ノ瀬俊也
ルポ百田尚樹現象
石戸諭
日本国紀
百田尚樹
コロナ危機の社会学
西田亮介
コロナの時代の僕ら
パオロ・ジョルダーノ
オードリー・タン
世界初の自著！
愉しみながら死んでいく
ニール・ポストマン
今井幹晴［訳］
サバービアの憂鬱
大場正明
〈猿の惑星〉隠された真実
エリック・グリーン
「反核」異論
吉本隆明
『ミス・サイゴン』の世界
『エリザベート』読本
ウィーンから日本へ
ディズニーと動物
清水知子
美女と野獣
ヨーロッパ・ノートルダム・ド・パリ
シンデレラ
水の女
小黒康正
異類婚姻譚
山内淳
震災後文学論
木村朗子
その後の震災後文学論
木村朗子
東日本大震災後文学論
日本小説批評の起源
渡部直己
現代文学論争
小谷野敦
文芸時評
未完の
浦田憲治
デビュー小説論
清水良典
青春の終焉
三浦雅士
サブカルチャー文学論
大塚英志
文学賞メッタ斬り！
大森望
豊﨑由美
文学の輪郭
中島梓
栗本薫と中島梓
世界最長の物語を書いた人
里中高志
闇に用いる力学 赤気篇
闇に用いる力学 青嵐篇
闇に用いる力学 黄禍篇
竹本健治
合邦の密室
稲羽白菟
透明人間は密室に潜む
阿津川辰海
探偵の不在なり
スイッチ 悪意の実験
潮谷験
時空犯
潮谷験
救国ゲーム
結城真一郎
残月記
小田雅久仁
同志少女よ、敵を撃て
逢坂冬馬
灼熱
葉真中顕
スワン
呉勝浩
おれたちの歌をうたえ
呉勝浩
カインは言わなかった
芦沢央
治療塔
大江健三郎
治療塔惑星
大江健三郎
江藤淳と大江健三郎
小谷野敦
人工島戦記
あるいは、ふしぎとぼくらはなにをしたらよいかのこども百科
橋本治

エレクトロ・ヴォイス
フレディ・マーキュリー 自らが語るその人生
デヴィッド・ボウイ 無を歌った男
田中純
キング・クリムゾン 全史
KING CRIMSON
ロバート・フリップ
CLOSE TO THE EDGE
ビル・ブルーフォード自伝
ザ・ストーリー・オブ・イエス
イエス・ストーリー
イエス全史
Time And A Word
ピンク・フロイド詩集
RUSH
プログレッシヴ・ロックの哲学
巽孝之
どうしてプログレを好きになってしまったんだろう
市川哲史
意味も知らずにプログレを語るなかれ
円堂都司昭
社会は存在しない
サブカルチャー戦争
「セカイ系」から「世界内戦」へ
限界小説研究会
ポストヒューマニティーズ
限界研
ビジュアル・コミュニケーション
動画時代の文化批評
独身者の機械
メアリー・シェリーとフランケンシュタイン
フランケンシュタイン
ゴシック・カルチャー入門
絶叫!パニック映画大全
デストピア聖典
ぼくたちは何だかすべて忘れてしまうね
岡崎京子
新プロパガンダ論
辻田真佐憲
西田亮介
後美術論
イメージの進行形
渡邉大輔
新映画論 ポストシネマ
ジャガー自伝
千葉の英雄
コミックソングがJ-POPを作った
矢野利裕
にっぽんセクシー歌謡史
ディス・イズ・アメリカ
ロックが聴こえる本105
北中正和
ロッキング・オンの時代
橘川幸夫
ロッキング・オン天国
増井修
ジャニーズ研究部
統治を創造する
八犬伝ものがたり
幻想の画廊から
澁澤龍彦
澁澤龍彦コレクション
サロメ
ドラキュラの精神史
オペラ座
伏
桜庭一樹
犬身
松浦理英子
名作歌舞伎全集
謎の解像度
円堂都司昭
エンタメ小説進化論
ディズニーの隣の風景
ソーシャル化する音楽
戦後サブカル年代記
ソフトバンク新書
SEKAI NO OWARI
日本文化論の新たなる決定版!

レコード・コレクターズ
ミュージック・マガジン
キング・クリムゾン
クイーン
ビートルズ
ザ・ローリング・ストーンズ全曲解説
江戸川乱歩
深夜の散歩
東野圭吾公式ガイド
新・冒険スパイ小説ハンドブック
バンド臨終図巻
トゥール
タモリと戦後ニッポン 近藤正高 講談社現代新書
創られた「日本の心」神話 輪島裕介 光文社新書
輪島裕介 踊る昭和歌謡 NHK出版新書
1998年の宇多田ヒカル 宇野維正 新潮新書
核と日本人 山本昭宏 著 中公新書
私たちはこうして「原発大国」を選んだ 武田徹 中公新書ラクレ
四大公害病 政野淳子 著 中公新書
愛と暴力の戦後とその後 赤坂真理 講談社現代新書
メディアと自民党 西田亮介 角川新書
たのしいプロパガンダ 辻田真佐憲 イースト新書Q
ポピュリズムとは何か 中公新書
平成デモクラシー史 清水真人 ちくま新書
日本ノンフィクション史 武田徹 中公新書
アレント入門 中山元 ちくま新書
ライシテから読む現代フランス 伊達聖伸 岩波新書
シャルリとは誰か? 人種差別と没落する西欧 エマニュエル・トッド 文春新書
労働者階級の反乱 ブレイディみかこ 光文社新書
エラリー・クイーン完全ガイド 飯城勇三
『名探偵ポワロ』完全ガイド 久我真樹
新本格ミステリを識るための100冊 佳多山大地
原武史 「松本清張」で読む昭和史 NHK出版新書
悪魔の飽食 森村誠一
ゲンロンサマリーズ セレクション 東浩紀 編
BOHEMIAN RHAPSODY
QUEEN BALLET FOR LIFE
ロジャー・ウォーターズ アス・アンド・ゼム
UK LIVE! ナイト・アフター・ナイト
SIOUXSIE AND THE BANSHEES AT THE BBC
ドリーム・シアター ディスタント・メモリーズ ライヴ・イン・ロンドン

虚無への供物
中井英夫
夏への扉
映画化原作
シェイプ・オブ・ウォーター
ソラリス
CITY POP
メタリカ
ロバート・プラント
The Beach Boys
幻のアルバムが聴きたい！
ロック・カヴァー・アート
プログレッシヴ・ロック
ピンク・フロイド
ジェネシス
エマーソン、レイク&パーマー
イエス
ジョン・ウェットン
キング・クリムゾン
ユリイカ
都市学入門
田中角栄
2022本格ミステリ・ベスト10
世界の推理小説・総解説
東西ミステリーベスト100
本格ミステリ・ベスト10
CRITICA
ビッグ・ブラザーの世紀
ブルシット・ジョブ
BULLSHIT JOBS
時代はどう動くのか
アナと雪の女王の世界
SFプロトタイピング
リバタリアンが社会実験してみた町の話
ケアの倫理とエンパワメント
99年の滅亡を夢見て
女の子の謎を解く
ミステリー迷宮道案内
プログレ・ギターの魔術師たち
幻のアルバム
永久保存版
完全保存版
BiSH EXTREME
Re:UNION
TANITA
MIDSOMMAR
小松左京
日本沈没
都市空間のなかの文学
あなたの人生の物語
舞台化
ファントム
オペラ座の怪人
ノートルダム・ド・パリ
エレファント・マン
アンドリュー・ロイド=ウェバー
ジーザス・クライスト＝スーパースター
キャッツ
ミス・サイゴン

評論家の円堂都司昭さんは自宅六畳の洋間を仕事部屋として使用。小学生のころから使っているというガラス戸付きの大きな本棚をメインに、小振りの本棚四棹をスペースに合わせて設置、SF系、ミステリー系、評論系、音楽系とゆるやかに分類、整理している。本は基本的に前後二列に並べていて、いま書き進めている評論に関係するもの、頻繁に出し入れするものを前面に、後ろ側は以前は前面の本と関連させ、スマホで写真を撮っていたが、少しずつ入れ替えているので、いまとなっては何があるか不明だが、かつて書いた本の参考文献で最低限残しておきたいものが並んでいるはず、らしい。取材時点で書き進めていた評論のテーマがひとつはディストピア系、もうひとつが異類婚姻系だったので、その関連の本が本棚の目立つところに並んでいる。窓の下に積まれた引き出し式のボックスには自身の原点という中島梓・栗本薫や村上龍などの文庫が収められているが、以前紙パルプの業界誌にいて、紙の製造から古紙に再生されるまで紙の一生を見てきたからか、本は仮の姿という認識で本に対するフェティシズムはない。毎月ダンボールひと箱分くらいの本を整理するというから、つまり、本棚の本は頻繁に変わっているわけで、現在進行中の仕事がひと目でわかる参考文献リストのようなヴィヴィッドな本棚なのである。

円堂都司昭（えんどうとしあき　文芸・音楽評論家）２０２２年９月号

巖谷純介

作家の生年順に並ぶ文学な棚

軽いめまい
自殺志願
シングル・セル
千年の恋人たち
半島へ
グロテスク
抱く女
桐野夏生
母の遺産
太陽を曳く馬
冬の光
いとーしい
真鶴
古道具 中野商店
風花
どこから行っても遠い町
なめらかで熱くて甘苦しくて
川上弘美
水声
森へ行きましょう
親指Pの修業時代
奇貨
学問
ジェントルマン
賢者の愛
たまもの
小池昌代
銀河電燈譜
長野まゆみ
冥途あり
犬婿入り
多和田葉子
百年の散歩
流しのしたの骨
箱の中の天
神様のボート
江國香織
がらくた

大正生命主義と現代
医師の語る佛教
太田保世
プロ野球 しぐさの深読み心理学
ハリー・ポッター
一休が笑う
母を訪ねて山頭火
松原泰道
よくわかる仏教入門
田中治郎
人生をささえる言葉
父母恩重経を読む
仏教讃歌集
ひろさちやの親鸞を読む
ひろさちやの最澄を読む
ひろさちやの道元を読む
ひろさちやの日蓮を読む
わたしの南無阿弥陀仏
森政弘の佛教入門
三田誠広の法華経入門
三代の女たち
わたしの中の阿修羅
ひろさちやの法然を読む
お経の学校
ドラマ 維摩経
菅沼晃
名僧の漢詩を読む
別れの手紙
ある記者の出家物語
法句経
何気ない一日一生の習慣
お父さんが叱れない理由
心に響くハーモニー
グアム・サイパン・ロタ・パラオ
声と日本人
稲作文化の世界観
アメリカ「知日派」の起源
茶の湯随想
ギネスブック
恋する作家たち

COSI FAN TUTTE
PHILIPS
ROSSINI
MAOMETTO SECONDO
FAMILY SCALE
吉野源三郎全集
全4巻
ポプラ社
ギネスブック
立ち呑み詩人のすすめ
リストラ・ありが
野垂れ死に人間図鑑
山本隆司
知の起源
美しい日本語
金田一春彦
好きになった人
梯久美子
月魚
三浦しをん
ふるさと銀河線
高田郁
つばくろ越え
志水辰夫
俳壇年鑑
ストレスとヨーガ・セラピー
樹皮
岬端
宮川桂子
蒼の重力
本多稜
主婦権悠悠
リオの海鳴り
今朝のうた
時計回りの遊行
玉井清弘
茶事礼讃
水原秋櫻子に聞く
倉橋羊村
秋天無限
野
深呼吸
遠花火
太郎冠者
虹二重
湘南
春景色
夢二の野
吾亦紅
白富士
海煌
佰
インコに肩を
ア・ラ・カルト
櫻狩
梓弓
天離る
青瀧
樹の瘤
仏の息
首座星
雲の峰
愛の欲し
吉野杉

ブック・デザイナーの巖谷純介さんは自宅一階の廊下の壁一面に造り付けた本棚に、日本の近・現代文学千五百冊ほどを男性・女性作家に分け、それぞれの作家の生年順、さらに作品発刊順に並べている。男性作家は谷崎潤一郎から始まり、室生犀星、中河与一と続いて、又吉直樹、滝口悠生まで。女性作家は野上弥生子から宇野千代、森茉莉ときて、綿矢りさ、崔実に至り、しかも書棚にあるのはすべて既読本。ほとんどが純文学だが、十代のころから文芸作品しか読んでこなかったそうで、ここ十五年ほども年に百二十冊の読破を自らに課しているという。いい作品は文庫本でなく上製本で読みたくて、結果的に買うのは古本がメインとなるのだが、近所にいい古本屋が何軒かあり、店頭に並べられた安価な均一本から見つけてくることも多いらしい。ちなみに夏目漱石や川端康成は全集ですべて読んでいるため、別の棚に収められている。二階アトリエの自作の棚にはクラシックのCDがずらりと並ぶが、こちらも作曲家の生年順だ。同時代性のようなものがカテゴリーを超えてわかるのだという。なるほど、生年順に並べられた棚を見れば、ワーグナーとヴェルディ、三島由紀夫と丸谷才一、さらにストラビンスキーと志賀直哉が同世代だと発見出来る。もちろん、どこになにがあるかも一目瞭然であることは言うまでも無い。

巖谷純介（いわやじゅんすけ　ブック・デザイナー）２０２３年２月号

植村愛音

サブカルから他人の日記まで、本は手前に面を揃える

ライオンと魔女
小さい魔女
ぼくは王さま
牧野富太郎
海にゆらぐ糸
大庭みな子
アンネの童話
神かくしの村
羊をめぐる冒険
村上春樹
チェーホフ・ユモレスカ
パズル・パズル・パズル

RY COODER
JONI MITCHELL
JONI MITCHELL
The Studio Albums 1968-1979
PIERS FACCINI MY WILDERNESS
JOANNA NEWSOM
TRENTE
クラフツマン
Craftsman
奪い尽くされ、焼き尽くされ
死体展覧会
RAINER
WERNER
FASSBINDER
ライナー・ヴェルナー・ファスビンダー
DVD BOX 2
誠実な詐欺師
YASUJI 東京
ギンガ
山本精一
ゆん 山本精一
イマユラ
ちいさいおうち
ばーじにあ・りー・ばーとん ぶん・え
いしいももこ やく
岩波書店

ホロホロチョウのよる
オズワルド叔父さん
ブラウン管の映画館
レミは生きている
FOR LADIES BY LADIES
現代童話
ギリシア神話
チェーホフ短篇集
私の「漱石」と「龍之介」
犬が育てた猫
砂漠の思想
乱歩の選んだベスト・ホラー
江戸川乱歩傑作選
たばこの本棚
東京ミキサー計画
脳の中の美術館
文庫手帳 2006
エスパー魔美
ポケット詩集
図書館が面白い
書物の出現
理想の書物
珍本古書
ムーミン谷のひみつ
冬の夜ひとりの旅人が
ミステリー傑作選
人形劇入門
星座の伝説

手製本教室や本の修理などを手がける植村愛音さんは三階建ての自宅の一階、四メートル×一・八メートルほどの細長い部屋の壁全面に市販の本棚を設置して書庫として使っている。写真集、児童書、俳優やミュージシャンの本、自然科学系、別役実、谷川俊太郎と和田誠など、大まかに分類されているが、読みたい興味のほか、糸綴じだから、精興社書体だから、角背だから等、製本方面の興味でも買うため、ジャンルはいろいろ。サブカル系からデザイン関係、他人の日記帳まで、新旧とりまぜた様々な本が混在する、見て楽しい、発見がある本棚だ。一箱古本市に定期的に出店しているので、ダブり本はそこで売ればいいやと古本を買う量が増えたらしい。三階の仕事場には『実物　和紙手帖』『事務用製本必携』などの専門書から『私の本づくり入門』といった子ども向けの漫画入門書まで製本関連本がずらりと並び、二階のリビング兼レッスン場には小型の三棹の本棚に、きのこ関係の本、晶文社の本、安部公房の箱入り本、デザインが気に入って買った洋書などがきれいに整理されている。書店でバイトをした際に手前に面を揃えるという書架整理の仕方を身につけたため、本はなるべく前後に置かず手前で揃えたいそうで、基本は一列。興味の方向がひと目でわかるカオスな本棚なのである。

植村愛音（うえむらあいね　古本と手製本ヨンネ）２０２１年８月号

物故者事典・総索引
学術・文芸・芸術篇
昭和元年～平成23年
日本近代文学大事典
机上版
日本近代文学館編
賞と記録の人名事典
体験的新聞紙学
本田
小説現代
日本古書通信 総目次
創刊号～600号

書物蔵

三階建てのビルを書庫兼書斎にリフォーム

日本英学史叙説
科学史入門
GREEK AND ROMAN MAPS
1912 1926
新聞の社会史
知識人
大正の世相と風俗
戦後日本の大衆文化
戦後大衆文化論
ぼくの明治・大正・昭和
柴田宵曲文集
大正を遠く
地図をつくる
朝日新聞販売百年史
編集者の目
紙の文化史
八十年史
百年史
飛行機の発達
広告会社名鑑
広告の中に生きる男
広告のあけぼの
ビザンツ帝国史
テマ反乱とビザンツ帝国
猫の大虐殺
日本の広告
新聞広告
近代浮世絵事情
トンデモ悪趣味の本
1992 COMIC CATALOG
多摩の印刷史
新村長次郎と新村印刷小史
浮世絵出版論
菊池寛全集
近代日本のメディア議員
法律文献の引用法
企業対象暴力と企業不祥事
近代文学と伝統文化
日本の詩雑誌

書店新風会四十年史
東京組合四十年史
南天堂
古本と古本屋
古書まみれ
雑誌をつくった編集者たち
長谷川如是閑集
中国の新聞の読み方
史学概論
自費出版心得帖
自分史のすべて
明治本俳徊
日本帝国の表象
日本番外地の群像
物価の文化史事典
カストリ復刻版
アメリカの雑誌出版界

読書はおいしい
山田智彦
あなたもいままでの10倍速く本が読める
ポール・R・シーリィ
神田昌典 監訳
知的読書術100のヒント
岩崎隆治・著
ビジネス読書入門
中川昌彦著
山梨・本のある風景
植松光宏
読書と人間形成
脳を創る読書
企業人の読書日記
サラリーマンの知的読書法
吉野俊彦
読書の技法
佐藤優
本はこうして選ぶ買う
谷沢永一
ポケットの本 机の本
R・エンゲルジング
文盲と読書の社会史
中川勇治 訳
読書は変わったか?
加藤典洋 編集
本はなぜ読まれなくなったか
読書大全
植田康夫 編
わたしが知らないスゴ本は、きっとあなたが読んでいる
Dain
私の読書術
社怪学的読書論
植沢淳一郎
遅読家のための読書術
印南敦史
私の本の読み方・探し方
植草甚一の読書誌
新版 讀書の伴侶
人生の伴侶
読書日録大全
植田康夫 編
永田希
積読こそが完全な書術である
読書学
夏目房之介
知的生産のための読書の技術
本の読み方
草森紳一
10年1000冊の読書法
ときには積ん読の日々
吉上恭太
本の饗宴
新保守の読書術
志摩永寿
猫の目に時間を読む
思い出の本
本の選び方・読み方
一冊の本
扇谷正造・監修
続 一冊の本
十代に何を読んだか
未来社編集部 編
不良のための読書術
できる人の読書術
東アジア読書共同体のために
読書について
実録 我が草莽伝
森秀人の怨念史
本は寝ころんで
小林信彦
読書人志願
森村稔
ちよろぎ
白川晃
書物渉歴
書斎随想
石橋幸太郎著
出来ル女ハ本ヲ読ム
櫻井秀勲
本のある自伝
辻井喬
文読む月日重ねつつ
中野真琴
人の影・本の蔭
杉捷夫
戦国大名と読書
小和田哲男
作家の読書道

仕事と整理の速さで決まる!
知的トレーニングの技術
読書論
読書のすすめ
読書と人生
読書日記
読書談義
編集狂時代
製本探索
本の革の話
失敗
エロ本水滸伝
古本屋探偵の事件簿
古本屋五十年

何を讀むべきか
讀書案内
昭和の名著
読書術
発禁本の世界
売れる雑誌のつくられ方
鉛筆かついで50年
マスコミ自由業
役人の落書
自分史を書こう
おんなの秘書学
財界風雲録
ビジネスマンの知恵袋

古本マニア書物蔵さんは自宅隣の元印刷会社の建物を四年前に取得。ワンフロア十坪、三階建てのビルを別宅として書庫兼書斎にリフォームし、自宅の自室からあふれ出た一万冊を超える本と雑誌を運び入れた。一階には市販のスチールの本棚を九棹とどこかの図書館が廃棄した木製の古い本棚を四棹設置。判型とジャンルで分類して並べているように見えるが、なぜか棚の前に本が山と積まれたまま。「本に関する雑誌」の棚には「本の本」「彷書月刊」のほか、文芸誌から、総合誌、情報誌に女性誌まで、本や出版関連の特集号がずらっと並んでいるが、その棚の前の床に斎藤昌三の「書物展望」がどさっと積まれているのだ。実は古本マニアは元図書館員で、日本十進分類法で本を並べているのである。そのほうが並べるのも簡単だし、必要なときにすぐ見つかる。ただし、同じ分類番号のものは同じ棚になければならないので、収納力を超えた分を棚の上に載せたり床に置いたりしているのである。書斎として使っている二階には図書館学や読書法、ベッドのある三階には読書法のほか新書や文庫があるが、やっぱり棚の前には本の山がある。整理をしたものの棚に入りきらず頓挫した状態らしい。四六判の本が造り付けの本棚に整然と並ぶ自宅のように整理される日が待ち遠しい、「本と出版に関する本」の本棚なのである。

書物蔵（しょもつぐら　古本マニア）２０２３年１月号

初出
「本の雑誌」2020年2月号～2023年6月号「本棚が見たい！」書斎篇より再構成

撮影
中村規
齊藤正（柳瀬徹宅）

取材・執筆　浜本茂
デザイン　岩郷重力

2024年3月25日 初版第1刷発行

絶景本棚3

編者　本の雑誌編集部
発行人　浜本茂
発行所　株式会社 本の雑誌社
〒101-0051 東京都千代田区神田神保町1-37 友田三和ビル5F
電話　03（3295）1071
振替　00150-3-50378
印刷　株式会社シナノパブリッシングプレス

定価はカバーに表示してあります
ISBN978-4-86011-489-3 C0095